职业教育汽车类专业"互联网+"创新教材

汽车单片机技术

主　编　王　楠　吕江毅
副主编　闫　栋　成　林　宋建桐　王　尚
参　编　赵　畅　张华磊　陈俊杰　王谷娜
　　　　安泽婷　王小娇　李　红　彭　飞
　　　　王学雷　李　玮　杨成樾

机械工业出版社

本书主要内容包括汽车单片机基础知识认知、汽车照明系统控制、汽车信号系统控制、汽车信息反馈系统控制以及汽车电机系统控制5个项目。每个项目拆分为若干个学习任务，旨在帮助学生逐步掌握单片机在汽车控制中的实际应用。每个学习任务包含任务描述、学习目标、学习准备、信息收集页以及任务工单页，使学生能够快速、清晰地了解每个任务的要求和完成方法。同时，每个项目增加了知识拓展部分，以帮助学生拓展视野，树立正确的奋斗目标。

本书内容全面、体例清晰、实践性强，学习任务配备的程序源代码，通过扫描二维码即可查看其运行过程及结果。同时，本书还提供了课后作业以及评价与反馈，帮助学生巩固所学知识。

本书可作为中等职业院校、高等职业院校及职业本科院校的汽车类专业教材，也可作为相关行业技术人员的参考用书。

本书配有电子课件等资源，凡选用本书作为教材的教师，均可登录机械工业出版社教育服务网（www.cmpedu.com），以教师身份注册后免费下载，或联系编辑索取（010-88379756）。

图书在版编目（CIP）数据

汽车单片机技术／王楠，吕江毅主编. -- 北京：机械工业出版社，2025.1. --（职业教育汽车类专业"互联网+"创新教材）. -- ISBN 978-7-111-77314-6

Ⅰ．U463.6

中国国家版本馆CIP数据核字第2025Q2D118号

机械工业出版社（北京市百万庄大街22号　邮政编码100037）
策划编辑：谢熠萌　　　　　责任编辑：谢熠萌
责任校对：丁梦卓　李小宝　封面设计：严娅萍
责任印制：常天培
北京机工印刷厂有限公司印刷
2025年2月第1版第1次印刷
184mm×260mm·10.25印张·251千字
标准书号：ISBN 978-7-111-77314-6
定价：35.00元

电话服务　　　　　　　　　网络服务
客服电话：010-88361066　　机　工　官　网：www.cmpbook.com
　　　　　010-88379833　　机　工　官　博：weibo.com/cmp1952
　　　　　010-68326294　　金　书　网：www.golden-book.com
封底无防伪标均为盗版　　机工教育服务网：www.cmpedu.com

前　言

当今汽车工业快速发展，单片机技术已成为汽车电子控制系统不可或缺的核心部分。本书旨在为职业院校汽车类专业学生提供一本系统、实用、前沿的教材，帮助学生掌握汽车单片机技术的基本原理、应用和发展趋势，为未来的职业生涯打下坚实的基础。

本书既覆盖了单片机的基础知识、硬件基础、软件基础等内容，又包含汽车照明系统控制、信号系统控制、信息反馈系统控制、电机系统控制等应用的内容。本书在内容选择、结构安排、案例选用等方面力求体现专业技术前沿知识，突出职业教育重点培养应用能力的特点。本书在整体设计上具有以下特色：

1) 采用理实一体化项目式编写模式。本书将理论知识与实践操作紧密结合，通过任务驱动的方式，引导学生在解决实际问题的过程中学习新知识、掌握新技能。这种编写模式不仅能够激发学生的学习兴趣，还能培养他们的动手能力和创新思维，使他们能够通过真实的案例迅速适应工作环境并发挥所学。

2) 融入更多德育元素。党的二十大报告指出："用社会主义核心价值观铸魂育人"，本书每个学习任务中设置了素养目标，每个项目中设置了知识拓展环节，将社会主义核心价值观融入书中，培养学生的责任感、使命感和创新精神。通过学习，学生不仅能够获得专业知识和技能，还能深刻理解到科技工作者在国家发展和社会进步中的重要角色，树立正确的奋斗目标。

3) 通过任务工单、评价及反馈检验学习成果。本书通过精心设计的任务工单，引导学生深入理解和掌握汽车单片机技术的核心知识点与应用技能。每个学习任务后均设有评价与反馈环节，旨在检验学生对课程内容的掌握程度，确保学习效果的最大化。

本书由王楠、吕江毅任主编，闫栋、成林、宋建桐、王尚任副主编，赵畅、张华磊、陈俊杰、王谷娜、安泽婷、王小娇、李红、彭飞、王学雷、李玮、杨成樾参与编写。其中，王楠编写学习任务17~20并统稿，吕江毅编写学习任务4、8、16，闫栋编写学习任务9、15，成林编写学习任务1、3，宋建桐编写学习任务5、10，王尚编写学习任务11、12，赵畅、张华磊编写学习任务6，王谷娜、陈俊杰编写学习任务2，安泽婷、王小娇编写学习任务13，李红、彭飞编写学习任务7，王学雷、李玮编写学习任务14，杨成樾负责全书校对。

因编者水平有限，错漏之处在所难免，恳请广大读者批评指正。

编　者

二维码索引

名　　称	图　形	页码	名　　称	图　形	页码
LED 小灯闪烁效果		44	旋钮状态的读取		68
LED 流水灯效果		45	超声波传感器数据的读取		70
LED 振荡灯效果		46	倒车雷达的控制		74
LED 始终两个灯同时亮效果		47	振动传感器数据的读取		76
继电器模块的控制		49	振动传感器报警		78
继电器的循环控制效果		51	光电传感器数据的读取		81
串口信息反馈		57	光电传感器对 LED 灯的控制		82
触点开关对 LED 的控制 1		63	温度传感器数据的读取		85
触点开关对 LED 的控制 2		64	温度传感器对 LED 灯的控制		87

二维码索引

（续）

名　称	图　形	页码	名　称	图　形	页码
一位数码管的控制		91	1602 液晶显示器的控制 2		127
四位数码管的控制		104	12864 液晶显示器模块的控制 1		133
LED RGB 模块的控制		112	12864 液晶显示器模块的控制 2		136
LED RGB 渐变色的控制		114	模拟汽车刮水器的控制		143
LED RGB 红绿灯的控制		115	模拟停车场抬杆器的控制		145
蜂鸣器的控制		120	N20 电动机的控制		150
1602 液晶显示器的控制 1		124	步进电动机的控制		154

目　录

前言
二维码索引
项目一　汽车单片机基础知识认知 ⋯⋯⋯⋯⋯⋯⋯⋯⋯⋯⋯⋯⋯⋯⋯⋯⋯⋯⋯⋯⋯⋯⋯⋯ 1
　学习任务 1　单片机的认知 ⋯⋯⋯⋯⋯⋯⋯⋯⋯⋯⋯⋯⋯⋯⋯⋯⋯⋯⋯⋯⋯⋯⋯⋯⋯ 1
　学习任务 2　单片机的硬件基础认知 ⋯⋯⋯⋯⋯⋯⋯⋯⋯⋯⋯⋯⋯⋯⋯⋯⋯⋯⋯⋯⋯ 4
　学习任务 3　单片机的软件基础认知 ⋯⋯⋯⋯⋯⋯⋯⋯⋯⋯⋯⋯⋯⋯⋯⋯⋯⋯⋯⋯ 12
项目二　汽车照明系统控制 ⋯⋯⋯⋯⋯⋯⋯⋯⋯⋯⋯⋯⋯⋯⋯⋯⋯⋯⋯⋯⋯⋯⋯⋯⋯ 41
　学习任务 4　LED 灯光控制 ⋯⋯⋯⋯⋯⋯⋯⋯⋯⋯⋯⋯⋯⋯⋯⋯⋯⋯⋯⋯⋯⋯⋯⋯ 41
　学习任务 5　汽车继电器模块控制 ⋯⋯⋯⋯⋯⋯⋯⋯⋯⋯⋯⋯⋯⋯⋯⋯⋯⋯⋯⋯⋯ 48
项目三　汽车信号系统控制 ⋯⋯⋯⋯⋯⋯⋯⋯⋯⋯⋯⋯⋯⋯⋯⋯⋯⋯⋯⋯⋯⋯⋯⋯⋯ 53
　学习任务 6　串口通信控制 ⋯⋯⋯⋯⋯⋯⋯⋯⋯⋯⋯⋯⋯⋯⋯⋯⋯⋯⋯⋯⋯⋯⋯⋯ 53
　学习任务 7　触点开关的控制 ⋯⋯⋯⋯⋯⋯⋯⋯⋯⋯⋯⋯⋯⋯⋯⋯⋯⋯⋯⋯⋯⋯⋯ 58
　学习任务 8　模拟量的数据读取 ⋯⋯⋯⋯⋯⋯⋯⋯⋯⋯⋯⋯⋯⋯⋯⋯⋯⋯⋯⋯⋯⋯ 65
　学习任务 9　超声波传感器的数据读取 ⋯⋯⋯⋯⋯⋯⋯⋯⋯⋯⋯⋯⋯⋯⋯⋯⋯⋯⋯ 69
　学习任务 10　振动传感器的数据读取 ⋯⋯⋯⋯⋯⋯⋯⋯⋯⋯⋯⋯⋯⋯⋯⋯⋯⋯⋯ 75
　学习任务 11　光电传感器的数据读取 ⋯⋯⋯⋯⋯⋯⋯⋯⋯⋯⋯⋯⋯⋯⋯⋯⋯⋯⋯ 79
　学习任务 12　温度传感器的数据读取 ⋯⋯⋯⋯⋯⋯⋯⋯⋯⋯⋯⋯⋯⋯⋯⋯⋯⋯⋯ 84
项目四　汽车信息反馈系统控制 ⋯⋯⋯⋯⋯⋯⋯⋯⋯⋯⋯⋯⋯⋯⋯⋯⋯⋯⋯⋯⋯⋯⋯ 90
　学习任务 13　汽车 LED 数码管的控制 ⋯⋯⋯⋯⋯⋯⋯⋯⋯⋯⋯⋯⋯⋯⋯⋯⋯⋯⋯ 90
　学习任务 14　汽车 LED RGB 模块的控制 ⋯⋯⋯⋯⋯⋯⋯⋯⋯⋯⋯⋯⋯⋯⋯⋯⋯ 111
　学习任务 15　汽车蜂鸣器的控制 ⋯⋯⋯⋯⋯⋯⋯⋯⋯⋯⋯⋯⋯⋯⋯⋯⋯⋯⋯⋯⋯ 117
　学习任务 16　1602 液晶显示器的控制 ⋯⋯⋯⋯⋯⋯⋯⋯⋯⋯⋯⋯⋯⋯⋯⋯⋯⋯ 122
　学习任务 17　12864 液晶显示器的控制 ⋯⋯⋯⋯⋯⋯⋯⋯⋯⋯⋯⋯⋯⋯⋯⋯⋯⋯ 131
项目五　汽车电机系统控制 ⋯⋯⋯⋯⋯⋯⋯⋯⋯⋯⋯⋯⋯⋯⋯⋯⋯⋯⋯⋯⋯⋯⋯⋯ 139
　学习任务 18　舵机的控制 ⋯⋯⋯⋯⋯⋯⋯⋯⋯⋯⋯⋯⋯⋯⋯⋯⋯⋯⋯⋯⋯⋯⋯⋯ 139
　学习任务 19　N20 电动机的控制 ⋯⋯⋯⋯⋯⋯⋯⋯⋯⋯⋯⋯⋯⋯⋯⋯⋯⋯⋯⋯⋯ 146
　学习任务 20　步进电动机的控制 ⋯⋯⋯⋯⋯⋯⋯⋯⋯⋯⋯⋯⋯⋯⋯⋯⋯⋯⋯⋯⋯ 150

参考文献 ⋯⋯⋯⋯⋯⋯⋯⋯⋯⋯⋯⋯⋯⋯⋯⋯⋯⋯⋯⋯⋯⋯⋯⋯⋯⋯⋯⋯⋯⋯⋯⋯⋯ 157

项目一

汽车单片机基础知识认知

学习任务1　单片机的认知

任务描述

汽车单片机的作用是根据驾驶人的操作和当前整车和零部件的工作状况，在保证行车安全和车辆动力性的前提下，选择尽可能优化的工作模式和能量分配比例。单片机是什么样子，又是如何工作的呢？下面请同学们通过学习单片机的知识，来掌握单片机的概念、种类和应用吧！

学习目标

素养目标：
1. 培养学生查阅资料的自学能力。
2. 培养学生的动手能力。
3. 培养学生的逻辑思维和分析问题的能力。

知识目标：
1. 了解单片机的概念。
2. 掌握单片机的种类。
3. 掌握单片机的应用。

技能目标：
1. 能够将单片机与其他模块进行区分。
2. 能够识别单片机的型号。

学习准备

工作场所：理实一体化专业教室。

在教师的引导下分组，以小组为单位学习相关知识，并回答下列问题：

1. 单片机有什么作用？
2. 单片机有哪些类型？
3. 单片机的应用有哪些？

信息收集页

1. 单片机介绍

单片机诞生于 20 世纪 70 年代末,它是一个集成在一块芯片上的完整计算机系统。单片机具有一个完整计算机所需要的大部分部件,包括 CPU、内存、内部和外部总线系统,目前大部分还具有外存。同时单片机集成有通信接口、定时器、实时时钟等外围设备。和计算机相比,单片机只缺少了 I/O 设备。学习使用单片机是了解计算机原理与结构的最佳选择。

单片机又称单片微控制器,其外观如图 1-1 所示。

2. 典型的单片机

1) 51 系列单片机。51 系列单片机最早由 Intel 公司推出,主要有 8031 系列和 8051 系列。后来 Atmel 公司以 8051 系统的内核为基础推出了 AT89 系列单片机,它广泛应用于工业测控系统中。很多公司都有 51 系列的兼容机型推出,51 系列单片机在很长的一段时间内都占有大量市场。51 系列单片机外观如图 1-2 所示。

图 1-1　单片机外观

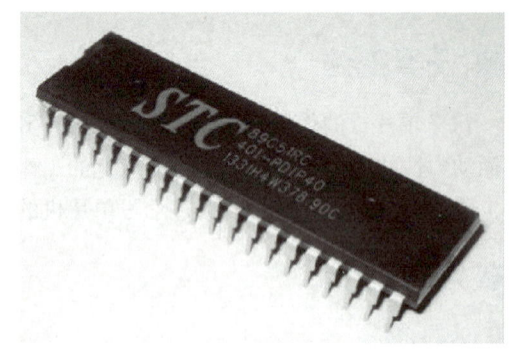

图 1-2　51 系列单片机外观

2) AVR。AVR 是一种功能较强的芯片,处理能力更强,但无法在没有周边器件的情况下单独完成既定功能。AVR 单片机也是 Atmel 公司的产品,它最大的特点是精简指令,其执行速度快,在相同的振荡频率下是 8 位微控制单元(MCU)中最快的一种单片机,如图 1-3 所示。

3) Arduino。Arduino 是某些单片机二次开发的产物。普通单片机的硬件设计和软件设计都需要用户完成,而 Arduino 是半成品,用户只要把相应的模块组合在一起,再写程序即可。就好比组装计算机,使用普通单片机做项目就像用电子元件先做出来显示器、主板、内存条、显卡、硬盘等,再把它们组装成一台计算机;用 Arduino 做项目就像直接把现成的主板、硬盘、显卡组装成计算机。Arduino 的优点就是开发简单。Arduino 系列单片机外观如图 1-4 所示。

3. 单片机的应用

单片机在智能仪器仪表、工业控制、家用电器、计算机网络与通信、医用设备、各种大型电器、汽车设备等领域应用已十分广泛。

1) 在智能仪器仪表中的应用。单片机具有体积小、功耗低、控制功能强、扩展灵活、微型化和使用方便等优点,广泛应用于仪器仪表中,结合不同类型的传感器,可实现诸如电压、功率、频率、湿度、温度、流量、速度、厚度、角度、长度、硬度、元素、压力等物理量的测量。采用单片机控制使得仪器仪表数字化、智能化、微型化，且功能比采用电子或数字电路更加强大，如精密的测量设备（功率计、示波器、各种分析仪）已广泛应用单片机。

图 1-3　AVR 系列单片机外观

图 1-4　Arduino 系列单片机外观

2）在工业控制中的应用。用单片机可以构成形式多样的控制系统、数据采集系统，如工厂流水线的智能化芯片管理、电梯智能化控制、各种报警系统、与计算机联网构成二级控制系统等。

3）在家用电器中的应用。现在的家用电器基本上都采用单片机控制，如电饭煲、洗衣机、电冰箱、空调、电视、音响、电子称量设备等。

4）在计算机网络与通信中的应用。现代的单片机普遍具备通信接口，可以很方便地与计算机进行数据通信，为在计算机网络和通信设备间的应用提供了极好的物质条件，现在的通信设备基本上都实现了单片机智能控制，如手机、小型程控交换机、楼宇自动通信呼叫系统、列车无线通信、无线电对讲机等。

5）在医用设备中的应用。单片机在医用设备中的用途也相当广泛，如医用呼吸机、各种分析仪、监护仪、超声诊断设备及病床呼叫系统等。

6）在各种大型电器中的模块化应用。某些专用单片机设计用于实现特定功能，从而在各种电路中进行模块化应用，而不要求使用人员了解其内部结构。例如音乐集成单片机就应用了复杂的类似于计算机的原理，其音乐信号以数字的形式存于存储器中（类似于 ROM），由微控制器读出，转化为模拟音乐电信号（类似于声卡）。在大型电路中，这种模块化应用极大地缩小了体积，简化了电路，降低了损坏、错误率，便于更换。

7）在汽车设备中的应用。单片机在汽车电子中的应用非常广泛，如汽车中的发动机电控系统、基于 CAN 总线的汽车发动机智能电控单元、卫星导航系统、防抱死制动系统（ABS）等。

任务工单页

任务准备：

准备好若干个单片机实物。

任务实施：单片机的基础认知

1. 单片机又称_____，它是一个集成在一块芯片上的完整计算机系统。
2. 51 系列单片机最早由 Intel 公司推出，主要有 8031 系列和_____系列。

3. AVR 单片机最大的特点是_____，其执行速度快，在相同的振荡频率下是 8 位 MCU 中最快的一种单片机。

4. 单片机具有体积小、_____、控制功能强、扩展灵活、_____和使用方便等优点。

课后作业

1. 请制作海报，绘制几种典型单片机，并标注其特点。
2. 请制作海报，绘制典型单片机的应用，并标注应用领域。

评价与反馈

通过本任务的学习，应能对单片机有初步的认知。请根据实际完成情况，完成任务评价。

评价项目	评价标准	自评(30%)	互评(30%)	教师评价(40%)
基本认知	能够掌握单片机的概念(20分)			
任务实施	能够掌握典型的单片机(25分)			
	能够掌握单片机的应用(25分)			
作业情况	能够独立完成作业(30分)			
综合评价	合计			
	总评分			
教师评语				
	签字：		日期：	

学习任务 2 单片机的硬件基础认知

任务描述

本任务以 Arduino UNO 单片机为例，从布局、技术规格、处理器、存储空间及引脚等介绍单片机的硬件组成，下面请同学们通过学习单片机的概念、种类，了解单片机的实际应用。

学习目标

素养目标：

1. 培养学生查阅资料的自学能力。
2. 培养学生的动手能力。
3. 培养学生的逻辑思维和分析问题的能力。

项目一 汽车单片机基础知识认知

知识目标：

1. 了解 Arduino 单片机的概念。
2. 掌握 Arduino 单片机的硬件结构。
3. 掌握 Arduino 单片机的部件。

技能目标：

1. 能够识别 Arduino 单片机的硬件。
2. 能够识读 Arduino 单片机各引脚定义。

学习准备

工作场所：理实一体化专业教室。

在教师的引导下分组，以小组为单位学习相关知识，并回答下列问题：

1. 什么是 Arduino 单片机？
2. Arduino 单片机有哪些部件？

信息收集页

一、Arduino 介绍

Arduino 是一种开源的微控制器平台，它包括一个硬件部分（即 Arduino 板）和一个软件部分（即 Arduino IDE），也就是单片机的开源硬件和软件生态系统。Arduino 已经将晶振、电源、接口电路等硬件集成到单个开发板上，用户只需要连接到计算机就可以开始编程和测试。Arduino 使用一种基于 C/C++ 的编程语言，它提供了许多简化的函数和库，使得编程更为简洁易懂。Arduino 适合于教学、快速原型制作、个人项目和艺术设计等场合，特别是对于初学者和非专业者，Arduino 是一个理想的选择。

二、Arduino 的硬件结构（以 Arduino UNO 为例）

（1）**Arduino UNO 板的外观** Arduino UNO 板的外观如图 1-5 所示。

a)   b)

图 1-5 Arduino UNO 板的外观

（2）**Arduino UNO 板的结构组成** Arduino UNO 板主要由处理器、电源接口、状态灯等组成，如图 1-6 所示。其技术规格见表 1-1。

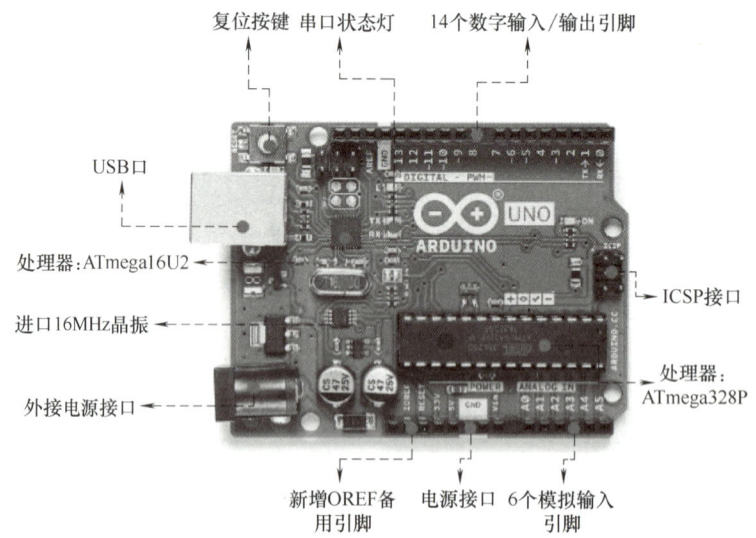

图 1-6　Arduino UNO 板的结构组成

表 1-1　Arduino UNO 板的技术规格

处理器	ATmega328P
工作电压/V	5
输入电压（推荐）/V	7~12
输入电压（极限）/V	6~20
数字 I/O 引脚	14个（其中 6 个提供 PWM 输出）
PWM 数字 I/O 引脚	6个
模拟输入引脚	6个
每个 I/O 引脚的直流电流/mA	20
3.3V 引脚的直流电流/mA	50
快闪记忆体	32KB，其中引导加载程序使用了 0.5KB
SRAM 内存	2KB
EEPROM 内存	1KB
时钟速度/MHz	16
LED_BUILTIN	13
长度/mm	68.6
宽度/mm	53.4
质量/g	25

三、Arduino 板部件介绍

1. 处理器

Arduino UNO 板是基于 ATmega328P 处理器的单片机开发板，Arduino Mega 2560 是基于 ATmega2560 处理器的单片机开发板。以 Arduino UNO 板为例，其处理器部分主要包括 ATmega16U2 处理器、ATmega328P 处理器、功能引脚、时钟源和地址空间。

（1）ATmega16U2 处理器 ATmega16U2 处理器的作用是负责将上位机通过 USB 传输过来的程序写入 ATmega328P 处理器中，相当于 USB 转 TTL 串口的芯片，但其性能不太稳定。有很多种专业级别的 USB 转 TTL 串口的芯片，如国外的 FT232、CP2102、PL2303 和国内最好的 CH340、CH341。

（2）ATmega328P 处理器 ATmega328P 处理器是 Arduino UNO 板的核心主控（MCU），负责程序的存储以及运行，Arduino IDE 编程的代码最终会写入 ATmega328P 中的 ROM 中。ATmega328P 的简化框图如图 1-7 所示。

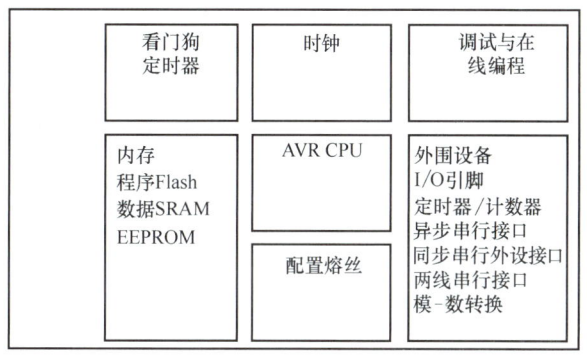

图 1-7　ATmega328P 的简化框图

ATmega328P 内部都是一片集成电路（IC），外面再用塑料壳包起来，用极细的线从 IC 的边缘连接到封装的脚上。ATmega328P 采用的封装方式为双列直插式封装（DIP），如图 1-8 所示。DIP 的内部结构如图 1-9 所示。

图 1-8　DIP

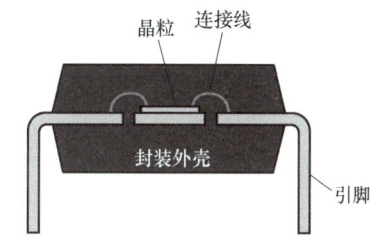

图 1-9　DIP 的内部结构

ATmega328P 芯片内部有 2 个独立的电源系统：数字电源（标示为 VCC）和模拟电源（标示为 AVCC），VCC 和 AVCC 应该同时接到相同的电压上；即使用不到任何模拟电路功能，AVCC 的电源引脚仍必须接上。

两个电源引脚是分开的，当需要低噪声或者高精度的模拟读数时，就可以给模拟部分加上额外的电源滤波，以提高精度。

（3）功能引脚 ATmega328P 的 28 脚封装有 1 个 VCC 脚、1 个 AVCC 脚和 2 个 GND 脚；32 脚封装有 2 个 VCC 脚、1 个 AVCC 脚和 3 个 GND 脚；100 脚封装有 4 个 VCC 脚、1 个 AVCC 脚和 5 个 GND 脚。ATmega328P 引脚编号（28 脚封装）如图 1-10 所示。

1）模拟参考（AREF）电压引脚。AREF 电压引脚有几种不同的用法，它连在芯片内部模-数转换器（ADC）外围设备的参考输入端。

ATmega328P 只支持单端 ADC 转换，而 ATmega2560 可以做 2 个输入端之间的差分电压测量。

无论是使用 AVCC 还是内部参考电压，都可以在 AREF 电压引脚和地之间接一个外部去耦电容，以提高参考电压的稳定性。AREF 电压参考如图 1-11 所示。

另一个选择是使用一个外部参考电压源电路。

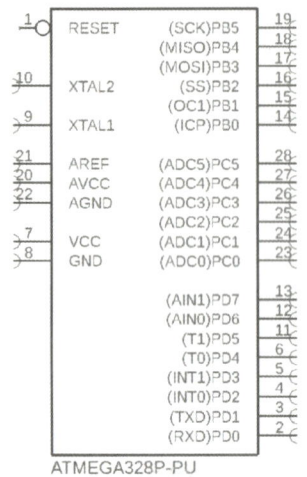

图 1-10　ATmega328P 引脚编号（28 脚封装）

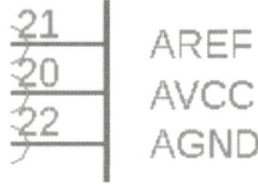

图 1-11　AREF 电压参考

2）RESET 引脚。RESET 引脚提供了重置（重启）单片机的方法，即将 RESET 引脚短接 GND 引脚进行重启。

RESET 引脚可以承受高电压，也可以用于通知芯片进入编程模式。

将 RESET 引脚接到 GND 引脚并且将电压保持为低位时，就可以让芯片进入在线编程（In System Programming，ISP），也称为低压串行编程（Low Voltage Serial Programming，LVSP）。

RESET 引脚电压升高到大约 12V（11.5～12.5V）时，芯片就会进入高压并行编程（High Voltage Parallel Programming，HVPP），由于此模式情况下，RESET 脚没有接其他所有脚都有的箝位电路，因此更加容易受到静电损坏。

3）XTAL1 和 XTAL2 引脚。XTAL1 和 XTAL2 引脚位置如图 1-12 所示。XTAL1 和 XTAL2 引脚是内部反相振荡器的输入引脚和输出引脚。如果使用外部时钟源，XTAL1 就是内部时钟电路的输入引脚。这两个引脚一般用于接一个石英晶体（在 Arduino Duemilanove 中）或者陶瓷谐振器（在 Arduino UNO 中），以形成单片机时钟电路的时基信号，为系统提供一个高精度的时间基准。

注意：除上述特殊的引脚外，其余的引脚都可以配置成输入或者输出引脚。

（4）时钟源

1）ATmega328P 和 ATmega2560 都有一个片内振荡器，其时钟频率由外部晶体或谐振器决定，其有以下两种运行方式：一是低功耗模式，此模式不能输出时钟信号到芯片外面；二是全幅模

图 1-12　XTAL1 和 XTAL2 引脚位置

式，此模式增加了功率消耗。

2）两种芯片都可以从外部信号源获取时钟。

3）片内有一个系统时钟预分频器，系统时钟以 2 的幂次分频，分频比可以从 1∶1 到 1∶256。

4）主系统时钟是由两个校准过的电阻/电容（RC）振荡器之一产生的，还可以使用一个外部低频时钟晶体（一般是 32kHz）来驱动需要真实时钟的应用程序中的定时器/计时器。

(5) 地址空间

1）AVR 体系结构本身是基于哈佛体系结构的，哈佛体系结构中，程序和数据的存储空间是分离的。

2）程序存储器的作用是用于存储处理器要执行的实际机器语言指令；在 AVR 上，这个存储器是片内的可编程 16 位宽 Flash 阵列；其特点是可以存储一定数量的数据，但写入的时间比较长，可以擦写的次数有限；有时候被看作是只读存储器（ROM）。

3）数据存储器。数据存储器的作用是保存程序运行过程中一些变量和变化的数据；在 AVR 上提供的是静态随机存取内存（Static Random-Access Memory，SRAM），ATmega328P 芯片有 2KB 的 SRAM，而 ATmega2560 则会有 8KB 的 SRAM。

其特点是只要芯片还有电，SRAM 就保持里面的数据，当掉电后，SRAM 的状态就不确定了，所以 Arduino 的 C 语言编程会采取措施来确保未初始化的数据不会用在被认为有特定值的场合。

4）寄存器。寄存器的作用是 CPU 中的大多数算术和逻辑指令都可以在一个时钟周期内直接读写寄存器组里的单个寄存器，这样大型的寄存器就可以让复杂的算法快速执行，而不用重复在 SRAM 上复制数据。在 AVR 上有 32 个寄存器，编号为 R0 到 R31；其中有 6 个寄存器有特殊用途，它们可以组合成 3 个 16 位指向数据存储器的索引指针，这些索引寄存器称为 X、Y 和 Z，主要用于快速计算。

5）输入/输出寄存器。输入/输出寄存器的作用是指所有的片内外围设备都是通过 I/O 地址空间访问的，每个外围设备都要用到 1 个或者多个寄存器，这些寄存器的位设置决定了外围设备的行为。其特点是 SRAM、寄存器组和外围 I/O 寄存器都是在数据地址空间里的，而不是在程序地址空间里。

6）电可擦写只读存储器（EEPROM）。EEPROM 适用于存储用户可改的配置数据或其他容易修改又要长期保存的数据。ATmega328P 芯片有 1KB 的 EEPROM，而 ATmega2560 则会有 4KB 的 EEPROM。其特点是 EEPROM 可以承受多次的擦写，写入的时序由片内的 EEP-ROM 逻辑控制，每个字节需要大约 3.3ms 来写入。

7）配置熔丝。配置熔丝的作用是控制芯片一些运行特性，这样可以更灵活地使用芯片。ATmega328P 芯片和 ATmega2560 芯片都有 3 个熔丝字节：1 个高字节、1 个低字节和 1 个扩展字节。其特点是配置熔丝一般是由外部芯片编程器读写的，通过 LPM 指令，芯片可以读取和锁定熔丝中的位，也可以通过 SPM 指令写引导装载程序锁定位。

2. 存储空间

Arduino 的存储空间即是其主控芯片所集成的存储空间，可以通过使用外设芯片的方式来扩展 Arduino 的存储空间。Arduino UNO 的存储空间分以下 3 种。

1）Flash，容量为 32KB。其中 0.5KB 作为 BOOT 区用于储存引导程序，实现通过串口下载程序的功能;另外的 31.5KB 作为用户储存的空间。相对于家用计算机几百 GB 的硬盘,可能 32KB 太小了,但是在单片机上,32KB 已经足够了。

2) SRAM,容量为 2KB。SRAM 相当于计算机的内存,当 CPU 进行运算时,需要在其中开辟一定的存储空间。当 Arduino 断电或复位后,其中的数据都会丢失。

3) EEPROM,容量为 1KB。EEPROM 是一种用户可更改的只读存储器,其特点是在 Arduino 断电或复位后,其中的数据不会丢失。

3. 串口

Arduino UNO 有 14 个数字输入/输出引脚(0~13),6 个模拟输入引脚(A0~A5),如图 1-13 所示。其中一些带有特殊功能,这些引脚如下。

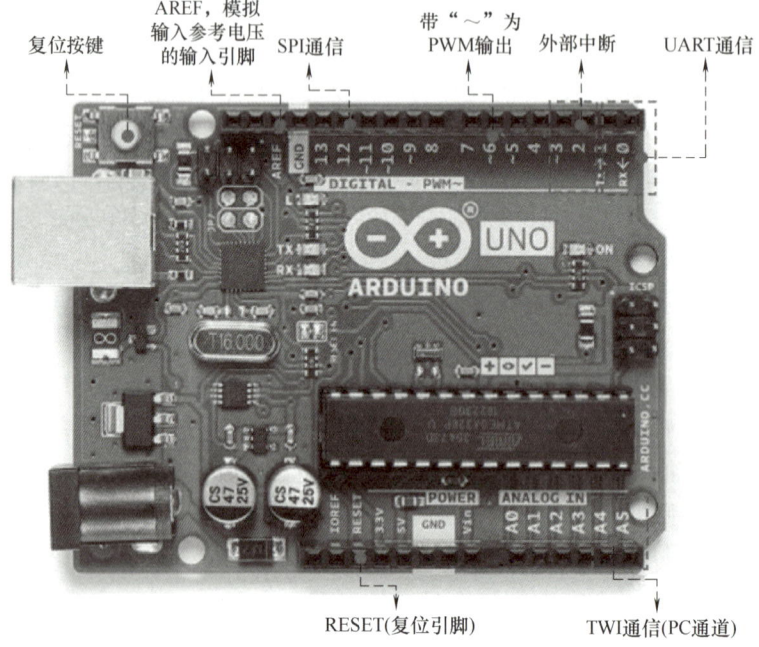

图 1-13　Arduino UNO 的 14 个数字输入/输出引脚

1) UART 通信,为 0(RX)和 1(TX)引脚,被用于接收和发送串口数据。这两个引脚通过连接到 ATmega16U2 来与计算机进行串口通信。

2) 外部中断,为 2 和 3 引脚,可以输入外部中断信号。

3) PWM 输出,为 3、5、6、9、10 和 11 引脚,可用于输出 PWM 波。

4) SPI 通信,为 10(SS)、11(MOSI)、12(MISO)和 13(SCK)引脚,可用于 SPI 通信。

5) TWI 通信,为 A4(SDA)、A5(SCL)引脚和 TWI 接口,可用于 TWI 通信,兼容 IIC 通信。

6) AREF,为模拟输入参考电压的输入引脚。

7) RESET,为复位引脚。接低电平会使 Arduino 复位。当复位键被按下时,会使该引脚接到低电平,从而使 Arduino 复位。

4. 状态灯

Arduino UNO 带有 4 个 LED 指示灯,如图 1-14 所示,它们的作用分别如下。

1) ON 灯,为电源指示灯。当 Arduino 通电时,ON 灯会点亮。

2）TX 灯，为串口发送指示灯。当使用 USB 连接到计算机且 Arduino 向计算机传输数据时，TX 灯会点亮。

3）RX 灯，为串口接收指示灯。当使用 USB 连接到计算机且 Arduino 接收计算机传来的数据时，RX 灯会点亮。

4）L 灯，为可编程控制指示灯。该 LED 通过特殊电路连接到 Arduino 的 13 引脚，当 13 引脚为高电平或高阻态时，该 LED 会点亮；当为低电平时，不会点亮。因此可以通过程序或者外部输入信号来控制该 LED 的亮灭。

图 1-14　Arduino UNO 带有 4 个 LED 指示灯

5. 电源接口

Arduino UNO 有 3 种供电方式，如图 1-15 所示。通过 USB 接口供电，电压为 5V。通过 DC 电源输入接口供电，电压要求 7~12V。通过电源接口处 5V 或者 VIN 引脚供电，5V 引脚处供电必须为 5V，VIN 引脚处供电为 7~12V。

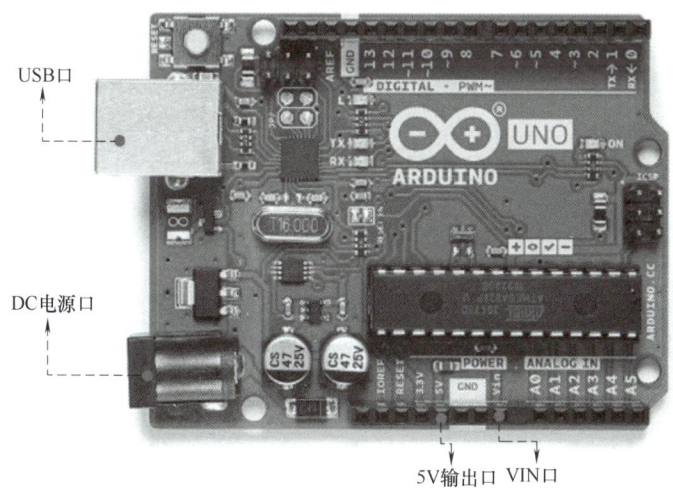

图 1-15　Arduino UNO 的 3 种供电方式

11

任务工单页

任务准备：
准备好若干单片机实物。

任务实施：单片机的硬件认知

1. Arduino 其实是一块 AVR 的开发板，其体系结构为_____。
2. DIP，指集成电路芯片采用_____形式进行封装。
3. _____的作用是 CPU 中的大多数算术和逻辑指令都可以在一个时钟周期内直接读写寄存器组里的单个寄存器。
4. 单片机内部有构成一部分完整计算机的电路，包括内存块、_____和接口外围设备，所以一部分低端的微处理器不能称为单片机。
5. Arduino UNO 有_____种供电方式。

课后作业

1. 请制作海报，绘制 Arduino 的整体布局图，并进行关键部件的标注。
2. 请具体实测 Arduino UNO 的供电电源，记录数值。

评价与反馈

通过本任务的学习，应能对单片机的硬件有初步的认知。请根据实际完成情况，完成任务评价。

评价项目	评价标准	自评（30%）	互评（30%）	教师评价（40%）
基本认知	能够掌握单片机硬件的基本组成（20分）			
	能够掌握单片机各组成部分的作用（20分）			
	能够正确区分单片机不同引脚（20分）			
	能够掌握 Arduino UNO 的引脚功能（20分）			
作业情况	能够独立完成工单和课后作业（20分）			
综合评价	合计			
	总评分			
教师评语		签字：		日期：

学习任务3 单片机的软件基础认知

任务描述

单片机以 C 语言为基础进行编程。C 语言具有简洁紧凑、灵活方便、运算符丰富、数据

项目一　汽车单片机基础知识认知

结构简单、执行效率高、适用范围广、可移植性好等特点。本任务将重点介绍 C 语言基于 Arduino 的主函数、常数变量、变量作用域及修饰符、数字 I/O、模拟 I/O、高级 I/O、时间函数、数学运算函数、三角函数、随机数、位操作函数、中断函数、通信函数。

学习目标

素养目标：

1. 培养学生查阅资料的自学能力。
2. 培养学生的动手能力。
3. 培养学生逻辑思维和分析问题的能力。
4. 培养学生创新能力。

知识目标：

1. 了解 C 语言的语法结构。
2. 掌握 C 语言的特点。
3. 掌握 C 语言的应用。

技能目标：

1. 能够使用 C 语言编程。
2. 能够在单片机上实现软件控制。

学习准备

工作场所：理实一体化专业教室。

在教师的引导下分组，以小组为单位学习相关知识，并回答下列问题：

1. 什么是单片机编程语言？
2. 单片机 C 程序语言有什么特点？
3. 单片机 C 语言编程指令有哪些？

信息收集页

1. 基于 Arduino 的主函数

在 Arduino 中，setup 函数和 loop 函数是两个最重要的主函数，下面将对这两个函数进行介绍。

（1）setup 函数　在 Arduino 中程序运行时将首先调用 setup 函数，用于初始化变量、设置针脚的输出/输入类型、配置串口、引入类库文件等。每次 Arduino 上电或重启后，setup 函数只运行一次。

参考程序：
```
int buttonPin = 3;
void setup() {
    Serial.begin(9600);
    pinMode(buttonPin, INPUT);
}
void loop() {
```

13

```
    //...
}
```

(2) loop 函数　在 setup 函数中初始化和定义了变量,然后执行 loop 函数。该函数在程序运行过程中不断地循环,根据一些反馈,相应改变执行情况。通过该函数可以动态控制 Arduino 板。

```
参考程序：
int buttonPin=3;
//setup 中初始化串口和按键针脚
void setup(){
    Serial. begin(9600);
    pinMode(buttonPin,INPUT);
}
    //loop 中每次都检查按钮,如果按钮被按下,就发送信息到串口
void loop(){
    if(digitalRead(buttonPin)= =HIGH)
    Serial. Println("H");
    else
    Serial. Println("L");
    delay(100);
}
```

2. 常数变量

(1) HIGH | LOW（引脚电压定义）　引脚电压定义 HIGH 和 LOW,当读取或写入数字引脚时只有两个可能的值：HIGH 和 LOW。

1) HIGH。HIGH（参考引脚）的含义取决于引脚的设置,引脚定义为 INPUT 或 OUTPUT 时含义有所不同。当一个引脚通过 pinMode 被设置为 INPUT,并通过 digitalRead 读取时。如果当前引脚的电压不小于 3V,微控制器将会返回为 HIGH。引脚也可以通过 pinMode 被设置为 INPUT,并通过 digitalWrite 设置为 HIGH。输入引脚的值将被一个内在的 20kΩ 上拉电阻控制在 HIGH 上,除非一个外部电路将其拉低到 LOW。当一个引脚通过 pinMode 被设置为 OUTPUT,并通过 digitalWrite 设置为 HIGH 时,引脚的电压应在 5V。在这种状态下,它可以输出电流。例如,点亮一个通过一串电阻接地或设置为 LOW 的 OUTPUT 属性引脚的 LED。

2) LOW。LOW 的含义同样取决于引脚设置,引脚定义为 INPUT 或 OUTPUT 时含义有所不同。当一个引脚通过 pinMode 配置为 INPUT,并通过 digitalRead 设置为读取时,如果当前引脚的电压不大于 2V,微控制器将返回为 LOW。当一个引脚通过 pinMode 配置为 OUTPUT,并通过 digitalWrite 设置为 LOW 时,引脚为 0V。在这种状态下,它可以提供负向电流。例如,点亮一个通过串联电阻连接到 5V,或到另一个引脚配置为 OUTPUT、HIGH 的 LED。

(2) INPUT | OUTPUT ［数字引脚（Digital pins）定义］　数字引脚定义 INPUT 和 OUTPUT,数字引脚当作 INPUT 或 OUTPUT 都可以。通过 pinMode()可使一个数字引脚从

INPUT 到 OUTPUT 变化。

1）引脚配置为输入（INPUT）。Arduino（Atmega）引脚通过 pinMode( )配置为输入（INPUT）即是将其配置在一个高阻抗的状态。配置为 INPUT 的引脚可以理解为引脚取样时对电路有极小的需求，即等效于在引脚前串联一个 100MΩ 的电阻。这使得它们非常利于读取传感器信息，而不是为 LED 供电。

2）引脚配置为输出（OUTPUT）。引脚通过 pinMode( )配置为输出（OUTPUT）即是将其配置在一个低阻抗的状态。

这意味着它们可以为电路提供充足的电流。Atmega 引脚可以向其他设备/电路提供正电流（Positive Current）或负电流（Negative Current），电器可达 40mA。

这使得它们利于给 LED 供电，而不是读取传感器信息。输出（OUTPUT）引脚被短路接地或连接到 5V 电路上会受到损坏甚至烧毁。Atmega 引脚在为继电器或电动机供电时，由于电流不足，将需要一些外接电路来实现供电。

(3) true|false（逻辑层定义） 逻辑层定义 true 与 false（布尔常量），在 Arduino 内有两个常量用来表示真和假：true 和 false。

1）false。在这两个常量中，false 被定义为 0。

2）true。true 通常被定义为 1，但同时 true 具有更广泛的定义。在布尔含义里任何非零整数均为 true。所以在布尔含义内 -1、2 和 -200 都定义为 ture。需要注意的是 true 和 false 常量，不同于 HIGH、LOW、INPUT 和 OUTPUT，需要全部小写。

3）integer constants（整数常量）。整数常量是直接在程序中使用的数字，如 1、2、3。默认情况下，这些数字被视为整数型（int）数据，但也可以通过 U 和 L 修饰符进行更多的限制。通常情况下，整数常量默认为十进制，但可以加上特殊前缀表示为其他进制。常用数据类型及类型说明符见表 1-2。

表 1-2 常用数据类型及类型说明符

数据类型	类型说明符	数据类型	类型说明符
整数型	int	字符型	char
单精度型	float	布尔型	bool
双精度型	double	字符串型	strings

3. 变量作用域及修饰符

在 Arduino 使用的 C 编程语言的变量，其有效范围称为作用域（scope）。这一点与类似 BASIC 的语言形成了对比，在 BASIC 语言中所有变量都是全局（global）变量。

在一个程序内的全局变量是可以被所有函数所调用的。局部变量只在声明它们的函数内可见。在 Arduino 的环境中，任何在函数［如 setup( )，loop( )等］外声明的变量，都是全局变量。

当程序变得更大更复杂时，局部变量是一个有效确定每个函数只能访问其自己变量的途径。这可以防止一个函数无意中修改了另一个函数使用的变量的程序错误。

有时在一个 for 循环内声明并初始化一个变量也是很方便的选择。这将创建一个只能从 for 循环的括号内访问的变量。

参考程序：
int gPWMval;//任何函数都可以调用此变量

```
void setup()
{
  //...
}
void loop()
{
  int i;//"i"只在"loop"函数内可用
  float f;//f"只在"loop"函数内可用
  //...
  for(int j=0;j<100;j++){
    //变量j只能在循环括号内访问
  }
}
```

（1） static（静态变量） static 关键字用于创建只对某一函数可见的变量。然而，和局部变量不同的是，局部变量在每次调用函数时都会被创建和销毁，静态变量在函数调用后仍然保持着原来的数据。

静态变量只会在函数第一次调用的时候被创建和初始化。

```
参考程序：
/*RandomWalk
*Paul Badger 2007
*RandomWalk 函数在两个终点间随机地上下移动
*在一个循环中最大的移动由参数"stepsize"决定
*一个静态变量向上和向下移动一个随机量
*这种技术也被称为"粉红噪声"或"醉步"
*/
#define randomWalkLowRange -20
#define randomWalkHighRange 20
int stepsize;
int thisTime;
int total;
void setup(){
  Serial.begin(9600);
}
void loop(){
  //测试 randomWalk 函数
  stepsize=5;
  thisTime=randomWalk(stepsize);
  Serial.println(thisTime);
```

```
    delay(10);
  }
  int randomWalk(int moveSize){
    static int place;//在 randomWalk 中存储变量
    //声明为静态,因此它在函数调用之间能保持数据,但其他函数无法改变它的值
    place=place+(random(-moveSize,moveSize+1));
    if(place<randomWalkLowRange){//检查上下限
      place=place+(randomWalkLowRange-place);//将数字变为正方向
    }
    else if(place>randomWalkHighRange){
      place=place-(place-randomWalkHighRange);//将数字变为负方向
    }
    return place;
  }
```

（2） volatile volatile 关键字是变量修饰符,常用在变量类型的前面,以告诉编译器和接下来的程序怎么对待这个变量。

该关键字的作用是声明一个 volatile 变量是编译器的一个指令。编译器是一个将 C/C++ 代码转换成机器码的软件,机器码是 Arduino 上的 Atmega 芯片能识别的真正指令。

具体来说,它指示编译器从 RAM 而非存储寄存器中读取变量,存储寄存器用于临时进行程序存储和变量操作。在某些情况下,存储寄存器中的变量值可能是不准确的。

如果一个变量所在的代码段可能会意外地导致变量值改变,那此变量应声明为 volatile,例如并行多线程等。在 Arduino 中,唯一可能发生这种现象的地方就是和中断有关的代码段,称为中断服务程序。

```
参考程序:
//当中断引脚改变状态时,开闭 LED
int pin=13;
volatile int state=LOW;
void setup(){
  pinMode(pin,OUTPUT);
  attachInterrupt(0,blink,CHANGE);
}
void loop(){
  digitalWrite(pin,state);
}
void blink(){
  state=! state;
}
```

（3） const　const 关键字代表常量。它是一个变量限定符，用于修改变量的性质，使其变为只读状态。该变量能像任何相同类型的其他变量一样使用，但不能改变其值。如果尝试为一个 const 变量赋值，编译时将会报错。

const 关键字定义的常量，遵守 variable scoping 管辖的其他变量的规则。

参考程序：
const float pi＝3.14；
float x；
//...
x＝pi＊2；//在数学表达式中使用常量不会报错
pi＝7；//错误的用法——不能修改常量值或给常量赋值

可以使用 const 或#define 创建数字或字符串常量，但 arrays 中只能使用 const。const 关键字相对于#define 是首选的定义常量语法。

4. 数字 I/O

（1） pinMode（）　pinMode（）用于将指定的引脚配置成输出或输入。pinMode（）语法为 pinMode（pin，mode），参数 pin 为要设置模式的引脚，参数 mode 为 INPUT 或 OUTPUT，无返回。

参考程序：
ledPin＝13；//LED 连接到数字脚 13
void setup（）｛
　　pinMode（ledPin，OUTPUT）；//设置数字脚为输出
｝
void loop（）｛
　　digitalWrite（ledPin，HIGH）；//点亮 LED
　　delay（1000）；//等待 1s
　　digitalWrite（ledPin，LOW）；//灭掉 LED
　　delay（1000）；//等待第二个 1s
｝

注意：模拟输入脚也能当做数字脚使用。

（2） digitalWrite（）　digitalWrite（）用于给一个数字引脚写入 HIGH 或者 LOW。

如果一个引脚已经使用 pinMode（）配置为 OUTPUT 模式，其电压将被设置为相应的值，HIGH 为 5V（3.3V 控制板上为 3.3V），LOW 为 0V。

如果引脚配置为 INPUT 模式，使用 digitalWrite（）写入 HIGH 值时，将使内部产生一个 20kΩ 的上拉电阻（详见数字引脚教程）；写入 LOW 时将会禁用上拉电阻。上拉电阻可以使一个 LED 微亮，如果 LED 工作，但是亮度很低，可能是因为这个原因引起的。补救的办法是使用 pinMode（）函数设置为输出引脚。

注意：数字引脚 13 难以作为数字输入使用，因为大部分的控制板上使用了一个 LED 和一个电阻与其连接。如果启动了内部的 20kΩ 上拉电阻，其电压将在 1.7V 左右，而不是正常的 5V，此时返回的值总是 LOW。

digitalWrite()语法为digitalWrite(pin,value)，参数pin为引脚编号（如1、5、10、A0、A3），参数value为HIGH或者LOW，无返回。

```
参考程序：
int ledPin = 13;//LED 连接到数字引脚 13
void setup(){
    pinMode(ledPin,OUTPUT);//设置数字引脚为输入模式
}
void loop(){
    digitalWrite(ledPin,HIGH);//使 LED 亮
    delay(1000);//延迟 1s
    digitalWrite(ledPin,LOW);//使 LED 灭
    delay(1000);//延迟 1s
}
```

引脚 13 设置为高电平，延迟 1s，然后设置为低电平。

（3）digitalRead()　　digitalRead()用于读取指定引脚的值。digitalRead()语法为digitalRead(Pin)，参数Pin为读取的引脚号（int），返回HIGH或LOW。

```
参考程序：
ledPin = 13;//LED 连接到数字引脚 13
int inPin = 7;//按钮连接到数字引脚 7
int val = 0;//定义变量并赋初始值
void setup(){
    pinMode(ledPin,OUTPUT);//将数字引脚 13 设置为输出
    pinMode(inPin,INPUT);//将数字引脚 7 设置为输入
}
void loop(){
    val = digitalRead(inPin);//读取输入脚
    digitalWrite(ledPin,val);//将 LED 值设置为按钮的值
}
```

注意：如果引脚悬空，digitalRead()会返回HIGH或LOW（随机变化）。

5. 模拟 I/O

（1）analogReference()　　analogReference()用于模拟输入的基准电压（即输入范围的最大值）。analogReference()语法及参数含义见表1-3。

注意：改变基准电压后，之前从analogRead()读取的数据可能不准确。

警告：不要在AREF引脚上使用任何小于0V或超过5V的外部电压。如果使用AREF引脚上的电压作为基准电压，在调用analogRead()前必须设置参考类型为EXTERNAL，否则，将会影响有效的基准电压（内部产生）和AREF引脚，这可能会损坏Arduino板上的单片机。

表 1-3 analogReference( )语法及参数含义

analogReference( )语法	参数	参数含义
analogReference(type)	type	类型：DEFAULT、INTERNAL、INTERNAL1V1、INTERNAL2V56、EXTERNAL DEFAULT：默认 5V（Arduino 板为 5V）或 3.3V（Arduino 板为 3.3V）为基准电压 INTERNAL：在 ATmega168 和 ATmega328P 上以 1.1V 为基准电压，以及在 ATmega8 上以 2.56V 为基准电压（Arduino Mega 无此选项） INTERNAL1V1：以 1.1V 为基准电压（此选项仅针对 Arduino Mega） INTERNAL2V56：以 2.56V 为基准电压（此选项仅针对 Arduino Mega） EXTERNAL：以 AREF 引脚（0~5V）的电压作为基准电压
analogReference( )返回	无	无

另外，可以在外部基准电压和 AREF 引脚之间连接一个 5kΩ 的电阻，这样能在外部和内部基准电压之间切换。此时总阻值将会发生改变，因为 AREF 引脚内部有一个 32kΩ 的电阻，这两个电阻都有分压作用，例如，如果输入 2.5V 的电压，最终在 AREF 引脚上的电压将变为 2.5×32/(32+5)V = 2.2V。

（2）analogRead( ) analogRead( )用于从指定的模拟引脚读取数据值。Arduino 板包含一个 6 通道（Mini 和 Nano 有 8 个通道，Mega 有 16 个通道）、10 位模拟数字转换器。它能将 0~5V 之间的输入电压映射到 0~1023 之间的整数值。读数之间的关系是 5V/1024 单位或 0.0049V（4.9mV）/单位。输入范围和精度可以使用 analogReference( )改变。它需要大约 100μs（0.0001s）来读取模拟输入，所以最大的阅读速度是 10000 次/s。

analogRead( )语法为 analogRead(Pin)，参数 Pin 为从输入引脚（大部分板为 0~5，Mini 和 Nano 为 0~7，Mega 为 0~15）读取数值，返回为 0~1023 的整数值。

注意：如果模拟输入引脚没有连入电路，由 analogRead( )返回的值将根据多项因素（如其他模拟输入引脚、有物体靠近板子等）产生波动。

```
参考程序：
int analogPin = 3;//电位器（中间的引脚）连接到模拟输入引脚 3
//另外两个引脚分别接地和 5V
int val = 0;//定义变量来存储读取的数值
void setup( ){
    serial.begin(9600);//设置比特率为 9600bit/s
}
void loop( ){
    val = analogRead(analogPin);//从输入引脚读取数值
    serial.println(val);//显示读取的数值
}
```

（3）analogWrite( ) analogWrite( )用于 PWM 从一个引脚输出模拟值（PWM），可用于让 LED 以不同的亮度点亮或驱动电机以不同的速度旋转。analogWrite( )输出结束后，该引脚将产生一个稳定的特殊占空比方波，直到下次调用 analogWrite( )[或在同一引脚调用

digitalRead()或digitalWrite()]。PWM信号的频率大约是490Hz。

在大多数Arduino板（ATmega168或ATmega328P），只有引脚3、5、6、9、10和11可以实现该功能。在Arduino Mega上，引脚2～13可以实现该功能。老的Arduino板（ATmega8）只有引脚9、10、11可以使用analogWrite()。在使用analogWrite()前，不需要调用pinMode()来设置引脚为输出引脚。

analogWrite函数与模拟引脚、analogRead函数没有直接关系。

analogWrite()语法为analogWrite(pin,value)；参数pin为用于输入数值的引脚；参数value为占空比，其值为0（完全关闭）～255（完全打开）；无返回。

注意：引脚5和6的PWM输出将高于预期的占空比（输出的数值偏高）。这是因为millis()和delay()功能，与PWM输出共享相同的内部定时器。这将导致PWM输出大多时候处于低占空比状态（如0～10），并可能导致在数值为0时，没有完全关闭引脚5和6。

通过读取电位器的阻值可以控制LED的亮度。

```
参考程序：
int ledPin=9;//LED连接到数字引脚9
int analogPin=3;//电位器连接到模拟引脚3
int val=0;//定义变量并赋初始值
void setup(){
    pinMode(ledPin,OUTPUT);//设置引脚为输出引脚
}
void loop(){
    val=analogRead(analogPin);//从输入引脚读取数值
    analogWrite(ledPin,val/4);//以val/4的数值点亮LED（因为analogRead读取的数值范围是0～1023，而analogWrite输出的数值范围是0～255）
}
```

6. 高级I/O

1）tone()。tone()用于在一个引脚上产生一个特定频率的方波（50%占空比）。持续时间可以设定，否则波形会一直产生直到调用noTone()函数。该引脚可以连接压电蜂鸣器或其他喇叭播放声音。

在同一时刻只能产生一个声音。如果一个引脚已经在播放音乐，那调用tone()将不会有任何效果。如果音乐在同一个引脚上播放，它会自动调整频率。

使用tone()函数会与3脚和11脚的PWM产生干扰（Mega板除外）。

tone()语法及参数含义见表1-4。

表1-4　tone()语法及参数含义

tone()语法	参数	参数含义
tone(pin,frequency)	pin	要产生声音的引脚
	frequency	产生声音的频率,单位为Hz,类型为unsigned int

(续)

tone( )语法	参数	参数含义
tone(pin,frequency, duration)	pin	要产生声音的引脚
	frequency	产生声音的频率,单位为 Hz,类型为 unsigned int
	duration	声音持续的时间,单位为 ms(可选),类型为 unsigned long

2) noTone( )。noTone( )用于停止由 tone( )产生的方波,如果没有使用 tone( )将不会有效果。

注意:如果想在多个引脚上产生不同的声音,需要在对下个引脚使用 tone( )前对当前引脚调用 noTone( )。

noTone( )语法为 noTone(pin),参数 pin 为所要停止产生声音的引脚。

3) shiftOut( )。shiftOut( )将一个数据的一个字节一位一位地移出,从最高有效位(最左边)或最低有效位(最右边)开始,依次向数据脚写入每一位,之后时钟脚被拉高或拉低,指示刚才的数据有效。

注意:如果所连接的设备时钟类型为上升沿,要确定在调用 shiftOut( )前时钟脚为低电平,如调用 digitalWrite(clockPin,LOW)。Arduino 提供了一个硬件实现的 SPI 库,它速度更快但只在特定脚有效。

shiftOut( )语法及参数含义见表 1-5。

表 1-5　shiftOut( )语法及参数含义

shiftOut( )语法	参数	参数含义
shiftOut(dataPin, clockPin,bitOrder,value)	dataPin	输出每一位数据的引脚(int)
	clockPin	时钟脚,当 dataPin 有值时此引脚电平变化(int)
	bitOrder	输出位的顺序,最高位优先或最低位优先(MSBFIRST 或 LSBFIRST)
	value	要移位输出的数据(byte)
shiftOut( )返回	无	无

注意:dataPin 和 clockPin 要用 pinMode( )配置为输出。shiftOut 目前只能输出 1 个字节(8 位),所以如果输出值大于 255 需要分两步。

参考程序:
//使用 74HC595 移位寄存器从 0 到 255 计数
//引脚连接到 74HC595 的 ST_CP
int latchPin = 8;
//引脚连接到 74HC595 的 SH_CP
int clockPin = 12;
//引脚连接到 74HC595 的 DS
int dataPin = 11;
void setup( ){
　//设置引脚为输出
　pinMode(latchPin,OUTPUT);
　pinMode(clockPin,OUTPUT);

```
        pinMode(dataPin,OUTPUT);
    }
    void loop( ){
        //向上计数程序
            (J=0;J<256;J++){
            //传输数据的时候将 latchPin 拉低
            digitalWrite(latchpin,LOW);
            shiftOut(dataPin,clockPin,LSBFIRST,J);
            //之后将 latchPin 拉高
            //它不需要再接收信息了
            digitalWrite(latchpin,HIGH);
            delay(1000);
        }
    }
```

4）shiftIn( )。shiftIn( )用于将一个数据的一个字节一位一位地移入，从最高有效位（最左边）或最低有效位（最右边）开始。对于每个位，先拉高时钟电平，从数据传输线中读取一位，再将时钟线拉低。

shiftIn( )语法及参数含义见表 1-6。

表 1-6　shiftIn( )语法及参数含义

shiftIn( )语法	参数	参数含义
shiftIn(dataPin,clockPin,bitOrder)	dataPin	输出每一位数据的引脚(int)
	clockPin	时钟脚，当 dataPin 有值时此引脚电平变化(int)
	bitOrder	输出位的顺序,最高位优先或最低位优先
	value	要移位输出的数据(byte)

5）pulseIn( )。pulseIn( )用于读取一个引脚的脉冲（HIGH 或 LOW）。例如，如果 value 是 HIGH，pulseIn( )会等待引脚变为 HIGH 时开始计时，再等待引脚变为 LOW 时停止计时。返回为脉冲的长度，单位为 μs。

此函数的计时功能由经验决定，长时间的脉冲计时可能会出错。计时范围为 $10\mu s \sim 3min$（1s=1000ms=1000000μs）。

pulseIn( )语法及参数含义见表 1-7。

表 1-7　pulseIn( )语法及参数含义

pulseIn( )语法	参数	参数含义
pulseIn(pin,value)	pin	要进行脉冲计时的引脚号(int)
	value	要读取的脉冲类型,HIGH 或 LOW(int)
pulseIn(pin,value,timeout)	pin	要进行脉冲计时的引脚号(int)
	value	要读取的脉冲类型,HIGH 或 LOW(int)
	timeout（可选）	指定脉冲计数的等待时间,单位为 μs,默认值是 1s(unsigned long)
pulseIn( )返回	脉冲长度（μs）	如果等待超时则返回 0(unsigned long)

参考程序：
```
int pin=7;
unsigned long duration;
void setup()
{
    pinMode(pin,INPUT);
}
void loop()
{
    duration=pulseIn(pin,HIGH);
}
```

7. 其他函数

(1) 时间函数

1) millis()。millis()用于返回 Arduino 板从运行当前程序开始的毫秒数。这个数字将在约 50 天后溢出（归零），无参数。

参考程序：
```
unsigned long time;
void setup(){
    Serial.begin(9600);
}
void loop(){
    Serial.print("Time:");
    time=millis();
    Serial.println(time);//打印从程序开始到现在的时间

    delay(1000);//等待 1s,以免发送大量的数据
}
```

注意，参数 millis 是一个无符号长整数，试图和其他数据类型（如整型数）做数学运算可能会产生错误。当中断函数发生时，millis()的数值将不会继续变化。

2) micros()。micros()用于返回 Arduino 板从运行当前程序开始的微秒数。这个数字将在约 70min 后溢出（归零）。在 16MHz 的 Arduino 板上（比如 Duemilanove 和 Nano），这个函数的分辨率为 4μs（即返回值总是 4 的倍数）。在 8MHz 的 Arduino 板上（如 LilyPad），这个函数的分辨率为 8μs，无参数。

参考程序：
```
unsigned long time;
void setup(){
    Serial.begin(9600);
}
```

```
void loop( ){
  Serial.print("Time:");
  time=micros( );
  Serial.println(time);//打印从程序开始的时间
  delay(1000);//等待 1s,以免发送大量的数据
}
```

3) delay( )。delay( )用于使程序暂定设定的时间（单位 ms）。delay( )语法为 delay（ms），参数 ms 为暂停的毫秒数（unsigned long），无返回。

```
参考程序：
ledPin=13;//LED 连接到数字引脚 13
void setup( ){
  pinMode(ledPin,OUTPUT);//设置引脚为输出
}
void loop( ){
  digitalWrite(ledPin,HIGH);//点亮 LED
  delay(1000);//等待 1s
  digitalWrite(ledPin,LOW);//灭掉 LED
  delay(1000);//等待 1s
}
```

警告：虽然创建一个使用 delay( )的闪烁 LED 很简单，并且许多示例将很短的 delay 用于消除开关抖动，但 delay( )也有很多显著的缺点。在 delay 函数使用的过程中，读取传感器值、计算、引脚操作均无法执行，因此，它所带来的后果就是使其他大多数活动暂停。其他操作定时的方法请参见 millis( )函数及其参考程序。大多数熟练的程序员通常会避免使用超过 10ms 的 delay( )，除非 Arduino 程序非常简单。

但某些操作在 delay( )执行时仍然能够运行，因为 delay 函数不会使中断失效。通信引脚 RX 接收到的数据会被记录，PWM（analogWrite）值和引脚状态会保持，中断也会按设定的执行。

4) delayMicroseconds( )。delayMicroseconds( )用于使程序暂停指定的一段时间（单位为 μs）。目前，能够产生的最大的延时准确值是 16383。这可能会在未来的 Arduino 版本中改变。对于超过几千微秒的延迟，应该使用 delay( )代替。

delayMicroseconds( )语法为 delayMicroseconds（μs），参数 μs 为暂停的时间，单位为 μs（unsigned int），无返回。

```
参考程序：
int outPin=8;//数字引脚 8
void setup( ){
  pinMode(outPin,OUTPUT);//设置为输出的数字引脚
}
void loop( ){
```

```
digitalWrite(outPin,HIGH);//设置引脚高电平
delayMicroseconds(50);//暂停50μs
digitalWrite(outPin,LOW);//设置引脚低电平
delayMicroseconds(50);//暂停50μs
}
```

将8号引脚配置为输出引脚，它会发出一系列周期为100μs的方波。

警告：此函数在3μs以上工作非常准确，但是delayMicroseconds()在更小的时间内延时准确性不能保证。

Arduino0018版本后，delayMicroseconds()不再会使中断失效。

（2）数学运算函数

1) min()。min()用于计算两个数字中的最小值，语法为min(x, y)；参数x为第一个数字，任何数据类型；参数y为第二个数字，任何数据类型；返回两个数字中的较小者。

参考程序：
sensVal=min(sensVal,100);//将sensVal或100中较小者赋值给sensVal,确保它永远不会大于100

注意：min()常被用来约束变量的最大值。

2) max()。max()用于计算两个数的最大值，语法为max(x,y)；参数x为第一个数字，任何数据类型；参数y为第二个数字，任何数据类型；返回两个参数中较大的一个。

参考程序：
sensVal=max(sensVal,20);//将20或更大值赋给sensVal,有效保障它的值至少为20

注意：max()通常用来约束变量的最小值。

3) abs()。abs()用于计算一个数的绝对值，语法为abs(x)，参数x为一个数，返回：如果x不小于0，则返回它本身；如果x小于0，则返回它的相反数。

警告：对于min()、max()、abs()函数，应避免在括号内使用任何函数（括号内只能是数字），否则将导致不正确的结果，见表1-8。

表1-8 min()、max()、abs()函数应该避免在括号内使用任何函数

应避免的情况	说明	正确形式	说明
min(a++,100);	应避免这种情况,这将会产生不正确的结果	a++; min(a,100);	应使用这种形式替代,将其他数学运算放在函数之外
max(a--,0);	应避免这种情况,这将会产生不正确的结果	a--; max(a,0);	应使用这种形式替代,将其他数学运算放在函数之外
abs(a++);	应避免这种情况,这将会产生不正确的结果	a++; abs(a);	应使用这种形式替代,将其他数学运算放在函数之外

4) constrain()。constrain()用于将一个数约束在一个范围内。constrain()语法及参数含义见表1-9。

表1-9 constrain()语法及参数含义

constrain()语法	参数	参数含义
constrain(x,a,b)	x	要被约束的数字,所有的数据类型适用
	a	该范围的最小值,所有的数据类型适用
	b	该范围的最大值,所有的数据类型适用
constrain()返回	x	如果x是介于a和b之间,则返回x的值
	a	如果x小于a,则返回a的值
	b	如果x大于b,则返回b的值

参考程序:
sensVal = constrain(sensVal,10,150);//返回值的范围限制在10~150

5) map()。map()用于将一个数从一个范围映射到另外一个范围,语法为map(value, fromLow, fromHigh, toLow, toHigh)。也就是说,map()会将fromLow到fromHigh之间的值映射到toLow在toHigh之间的值。map函数不限制值的范围,因为范围外的值有时是刻意的和有用的。如果需要限制范围,constrain()函数可以用于此函数之前或之后。

注意:两个范围中的"下限"可以比"上限"更大或者更小,因此map()函数可以用来翻转数值的范围,例如"y = map(x,1,50,50,1);"。这个函数同样可以处理负数,例如"y = map(x,1,50,50,-100)"。

map()函数使用整型数进行运算,因此不会产生分数,小数的余数部分会被舍去,不会四舍五入或者平均。

map()语法及参数含义见表1-10。

表1-10 map()语法及参数含义

map()语法	参数	参数含义
map(value,fromLow,fromHigh, toLow,toHigh)	value	需要映射的值
	fromLow	当前范围值的下限
	fromHigh	当前范围值的上限
	toLow	目标范围值的下限
	toHigh	目标范围值的上限
map()返回		被映射的值

参考程序:
```
//映射一个模拟值到8位(0~255)
void setup(){}
void loop(){
    int val = analogRead(0);
    val = map(val,0,1023,0,255);
    analogWrite(9,val);
}
```

关于数学的实现，下面是完整函数：

参考程序：
long map(long x,long in_min,long in_max,long out_min,long out_max){
　　return(x - in_min) * (out_max - out_min)/(in_max - in_min) + out_min;
}

6）pow()。pow()用于计算一个数的幂次方，可以用来计算一个数的分数幂，这用来产生指数幂的数或曲线非常方便。pow()语法及参数含义见表1-11。

表1-11　pow()语法及参数含义

pow()语法	参数	参数含义
pow(base,exponent)	base	底数(float)
	exponent	幂(float)
pow()返回		一个数的幂次方值(double)

7）sqrt()。sqrt()用于计算一个数的平方根，语法为sqrt（x）；参数x为被开方数，任何类型；返回此数的平方根，类型为double。

（3）三角函数

1）sin()。sin()用于计算角度的正弦（弧度），其结果在-1~1之间。sin()语法为sin(rad)，参数rad为弧度制的角度（float），返回角度的正弦值（double）。

2）cos()。cos()用于计算一个角度的余弦值（用弧度表示），返回值在-1~1之间。cos()语法为cos(rad)，参数rad为用弧度表示的角度（浮点数），返回角度的余弦值（double）。

3）tan()。tan()用于计算角度的正切（弧度），结果在负无穷大和无穷大之间。tan()语法为tan(rad)，参数rad为弧度制的角度（float），返回角度的正切值。

（4）随机数

使用randomSeed()初始化伪随机数生成器，使生成器在随机序列中的任意点开始。这个序列虽然很长，并且是随机的，但始终是同一序列。

参考程序：
long randNumber;
void setup(){
　Serial.begin(9600);
　randomSeed(analogRead(0));
}
void loop(){
　randNumber = random(300);
　Serial.println(randNumber);
　delay(50);
}

使用random()函数将生成伪随机数。random()语法及参数含义见表1-12。

表 1-12 random( )语法及参数含义

random( )语法	参数	参数含义
random(max)	max	随机数的最大值,随机数不包含此值
random(min,max)	min	随机数的最小值,随机数将包含此值(此参数可选)
	max	随机数的最大值,随机数不包含此值
random( )返回		min 和 max-1 之间的随机数(数据类型为 long)

注意:如果需要在一个 random( )序列上生成真正意义的随机数,可在执行其子序列时使用 randomSeed( )函数预设一个绝对的随机数,例如使用一个断开引脚上的 analogRead( )函数的返回值。

有时伪随机数的精确重复也是有用的。此时可以在一个随机系列开始前,通过调用一个使用固定数值的 randomSeed( )函数来完成。

参考程序:
long randNumber;
void setup( ){
　　Serial. begin(9600);
　　//如果模拟输入引脚 0 为断开,将随机地模拟噪声
　　//将会调用 randomSeed( )函数在每次代码运行时生成不同的种子数值
　　//randomSeed( )将随机打乱 random 函数
　　randomSeed(analogRead(0));
}
void loop( ){
　　//打印一个 0~299 之间的随机数
　　randNumber = random(300);
　　Serial. println(randNumber);
　　//打印一个 10~19 之间的随机数
　　randNumber = random(10,20);
　　Serial. println(randNumber);
　　delay(50);
}

(5) 位操作函数

1) lowByte( )。lowByte( )用于提取一个变量(例如一个字)的低位(最右边)字节。lowByte( )语法为 lowByte(x),参数 x 为任何类型的值,返回字节数(byte)。

2) highByte( )。highByte( )用于提取一个字节的高位(最左边),或一个更长的字节的第二低位。highByte( )语法为 highByte(x),参数 x 为任何类型的值,返回字节数(byte)。

3) bitRead( )。bitRead( )用于读取一个数的位。bitRead( )语法为 bitRead(x,n)。参数 x 为想要被读取的数;参数 n 为被读取的位,0 是最低有效位(最右边),返回该位的值(0 或 1)。

4) bitWrite( )。bitWrite( )用于在位上写入数字变量。bitWrite( )语法为 bitWrite(x,n,

b）；参数 x 为要写入的数值变量；参数 n 为要写入的数值变量的位，从 0 开始是最低（最右边）的位；参数 b 为写入位的数值（0 或 1）；无返回。

5）bitSet( )。bitSet( )用于为一个数字变量设置一个位。bitSet( )语法为 bitSet(x,n)；参数 x 为想要设置的数字变量；参数 n 为想要设置的位，0 是最重要（最右边）的位；无返回。

6）bitClear( )。bitClear( )用于清除一个数值型数值的指定位（将此位设置成 0）。bitClear( )语法为 bitClear(x,n)；参数 x 为指定要清除位的数值；参数 n 为指定要清除位的位置，从 0 开始，0 表示最右端位；无返回。

7）bit( )。bit( )用于计算指定位的值（0 位是 1，1 位是 2，2 位 4，以此类推）。bit( )语法为 bit(n)，参数 n 为需要计算的位；返回为位值。

(6) 中断函数

1）attachInterrupt( )。attachInterrupt( )用于当发生外部中断时，调用一个指定函数。当中断发生时，该函数会取代正在执行的程序。

大多数的 Arduino 板有 2 个外部中断：0（数字引脚 2）和 1（数字引脚 3）。Arduino Mega 有 4 个外部中断：数字 2（引脚 21）、3（引脚 20）、4（引脚 19）、5（引脚 18）。attachInterrupt( )语法及参数含义见表 1-13。

表 1-13 attachInterrupt( )语法及参数含义

attachInterrupt( )语法	参数	参数含义
attachInterrupt(interrupt, function, mode)	interrupt	中断引脚数
	function	中断发生时调用的函数，此函数必须不带参数和不返回任何值。该函数有时被称为中断服务程序
	mode	定义何时发生中断，有以下 4 个 contstants 预定有效值 LOW：当引脚为低电平时，触发中断 CHANGE：当引脚电平发生改变时，触发中断 RISING：当引脚由低电平变为高电平时，触发中断 FALLING：当引脚由高电平变为低电平时，触发中断
attachInterrupt( )返回	无	无

注意：当中断函数发生时，delay( )和 millis( )的数值将不会继续变化。当中断发生时，串口收到的数据可能会丢失。此时应该声明一个变量用来在未发生中断时储存变量。

在单片机自动化程序中，当突发事件发生时，中断是非常有用的，它可以帮助解决时序问题。一个使用中断的任务可能会读一个旋转编码器，监视用户的输入。

参考程序：
int pin = 13;
volatile int state = LOW;
void setup( ){

```
    pinMode(pin,OUTPUT);
    attachInterrupt(0,blink,CHANGE);
}
void loop(){
    digitalWrite(pin,state);
}
void blink(){
    state=! state;
}
```

2)detachInterrupt()。detachInterrupt()用于关闭给定的中断。参数interrupt为中断禁用的数(0或者1)。

(7)通信函数 Serial用于Arduino板和一台计算机或其他设备之间的通信。所有的Arduino板有至少一个串口(又称为UART或USART)。它通过0(RX)和1(TX)数字引脚经过串口转换芯片连接计算机USB端口与计算机进行通信。因此,使用这些功能的同时不能使用引脚0和1作为输入或输出。

可以使用ArduinoIDE内置的串口监视器与Arduino板通信。单击工具栏上的串口监视器按钮,可以调用begin()函数(选择相同的比特率)。

Arduino Mega有3个额外的串口:Serial1使用19(RX)和18(TX),Serial2使用17(RX)和16(TX),Serial3使用15(RX)和14(TX)。若要使用这3个引脚与个人计算机通信,需要一个额外的USB转串口适配器,因为这3个引脚没有连接到Mega上的USB转串口适配器。

若要用它们来与外部的TTL串口设备进行通信,应将TX引脚连接到设备的RX引脚,将RX引脚连接到设备的TX引脚,将GND连接到设备的GND(不要直接将这些引脚直接连接到RS232串口,因为它们的工作电压为12V,可能会损坏Arduino板)。

1)if(Serial)。if(Serial)表示指定的串口是否准备好。在Leonardo上,if(Serial)表示无论有无USB CDC,串行连接都是开放的。对于所有其他的情况,包括Leonardo上的if(Serial1),将一直返回true。

if(Serial)语法:对于所有的Arduino板,if(Serial)语法即为if(Serial);Arduino Leonardo特有语法为if(Serial1);Arduino Mega特有语法为if(Serial1)、if(Serial2)、if(Serial3)。if(Serial)无参数,返回布尔值,如果指定的串行端口是可用的,则返回true。如果查询Leonardo的USB CDC串行连接之前,它是准备好的,将只返回false。

```
参考程序:
void setup(){
    //初始化串口和等待端口打开:
    Serial.begin(9600);
    while(!Serial){
        //等待串口连接,只有Leonardo需要
    }
```

    }
    void loop(){
      //正常进行
    }

2）Serial. available（）。Serial. available（）用于获取从串口读取有效的字节数（字符）。这是已经传输到并存储在串行接收缓冲区（能够存储64个字节）的数据。available（）继承了 Stream 类。

Serial. available（）语法即为 Serial. available（），无参数，返回可读取的字节数，仅适用于 Arduino Mega 的 Serial1. available（）、Serial2. available（）、Serial3. available（）。

    参考程序：
    incomingByte=0;//传入的串行数据
    void setup(){
      Serial. begin(9600);//打开串行端口,设置传输比特率为9600bit/s
    }
    void loop(){
      //只有当接收到数据时才会发送数据：
      if(Serial. available()>0){
        //读取传入的字节：
        incomingByte=Serial. read();
        //显示得到的数据：
        Serial. print("I received:");
        Serial. println(incomingByte,DEC);
      }
    }

Arduino Mega 中的示例：

    参考程序：
    void setup(){
      Serial. begin(9600);
      Serial1. begin(9600);
    }
    void loop(){
      //读取引脚 0,发送到引脚 1：
      if(Serial. available()){
        int inByte=Serial. read();
        Serial1. print(inByte,BYTE);
      }
      //读引脚 1,发送到引脚 0：

```
if(Serial1.available()){
    int inByte=Serial1.read();
    Serial.print(inByte,BYTE);
}
}
```

3) Serial.begin()。Serial.begin()用于将串行数据传输速率设置为 bit/s。与计算机进行通信时,可以使用的比特率为 300bit/s、1200bit/s、2400bit/s、4800bit/s、9600bit/s、14400bit/s、19200bit/s、28800bit/s、38400bit/s、57600bit/s 或 115200bit/s。也可以指定其他比特率,如引脚 0 与 1 和一个元件进行通信,它需要一个特定的比特率。

Serial.begin()语法为 Serial.begin(speed),参数 speed 含义为 bit/s,无返回,仅适用于 Arduino Mega 的 Serial1.begin(speed)、Serial2.begin(speed)、Serial3.begin(speed)。

参考程序:
```
void setup(){
    Serial.begin(9600);//打开串口,设置数据传输比特率为9600bit/s
}
void loop(){}
```

Arduino Mega 可以使用 4 个串口(Serial、Serial1、Serial2、Serial3),从而设置 4 个不同的比特率。

参考程序:
```
void setup(){
    Serial.begin(9600);
    Serial1.begin(38400);
    Serial2.begin(19200);
    Serial3.begin(4800);
    Serial.println("HelloComputer");
    Serial1.println("HelloSerial1");
    Serial2.println("HelloSerial2");
    Serial3.println("HelloSerial3");
}
void loop(){}
```

4) Serial.end()。Serial.end()用于停用串行通信,使 RX 和 TX 引脚用于一般输入和输出。要重新使用串行通信,需要 Serial.begin()语句。

Serial.end()语法即为 Serial.end(),仅适用于 Arduino Mega:Serial1.end()、Serial2.end()、Serial3.end(),无参数,无返回。

5) Serial.find()。Serial.find()从串行缓冲器中读取数据,直到发现给定长度的目标字符串。如果找到目标字符串,该函数返回 true,如果超时则返回 false。

Serial.find()语法为 Serial.find(target),参数 target 为要搜索的字符串(字符),返回布

尔型。

6) Serial. findUntil( )。Serial. findUntil( )用于从串行缓冲区读取数据，直到找到一个给定的长度或字符串终止位。Serial. findUntil( )继承了 Stream 类。Serial. findUntil( )语法及参数含义见表 1-14。

表 1-14　Serial. findUntil( )语法及参数含义

Serial. findUntil( )语法	参数	参数含义
Serial. findUntil(target, terminal)	target	要搜索的字符串(char)
	terminal	在搜索中的字符串终止位(char)
Serial. findUntil( )返回	true	目标字符串被发现时,该函数返回 true
	false	超时则返回 false

7) Serial. flush( )。Serial. flush( )用于等待超出的串行数据完成传输［在 1.0 及以上的版本中，flush( )语句的功能不再是丢弃所有进入缓存器的串行数据］。flush( )继承了 Stream 类。

Serial. flush( )语法即为 Serial. flush( )，无参数，无返回。仅 Arduino Mega 可以使用的语法为 Serial1. flush( )、Serial2. flush( )、Serial3. flush( )。

8) Serial. parseFloat( )。Serial. parseFloat( )命令从串口缓冲区返回第一个有效的浮点数。Serial. parseFloat( )继承了 Stream 类。

Serial. parseFloat( )语法即为 Serial. parseFloat( )，无参数，返回 float。

9) Serial. parseInt( )。Serial. parseInt( )查找传入的串行数据流中的下一个有效的整数。parseInt( )继承了 Stream 类。

Serial. parseInt( )语法即为 Serial. parseInt( )，无参数，仅适用于 Arduino Mega 的 Serial1. parseInt( )、Serial2. parseInt( )、Serial3. parseInt( )。Serial. parseInt( )返回 int：下一个有效的整数。

10) Serial. peek( )。Serial. peek( )返回传入的串行数据的下一个字节（字符），而不是进入内部串行缓冲器调取。也就是说，连续调用 peek( )将返回相同的字符，与调用 read( )方法相同。peek( )继承自 Stream 类。

Serial. peek( )语法即为 Serial. peek( )，无参数，仅适用于 Arduino Mega 的 Serial1. peek( )、Serial2. peek( )、Serial3. peek( )。Serial. peek( )返回：传入的串行数据的第一个字节（如果没有可用的数据，则数据为-1），数据类型为整数型（int）。

11) Serial. print( )。Serial. print( )以可读的 ASCII 文本形式打印数据到串口输出。此命令可以采取多种形式。每个数字的打印输出使用的是 ASCII 字符。浮点型同样打印输出的是 ASCII 字符，保留到小数点后两位。Bytes 型则打印输出单个字符。字符和字符串原样打印输出。Serial. print( )打印输出数据不换行，Serial. println( )打印输出数据自动换行处理。

例如：Serial. print(78)输出为 "78"；Serial. print(1.23456)输出为 "1.23"；Serial. print("N")输出为 "N"；Serial. print("Helloworld.")输出为 "Helloworld."。

也可以自定义输出的进制（格式），可以是 BIN（二进制，或以 2 为基数）、OCT（八进制，或以 8 为基数）、DEC（十进制，或以 10 为基数）、HEX（十六进制，或以 16 为基数）。

对于浮点型数字，可以指定输出的小数数位。例如：Serial. print（78，BIN）输出为"1001110"；Serial. print(78,OCT)输出为"116"；Serial. print(78,DEC)输出为"78"；Serial. print（78，HEX）输出为"4E"；Serial. println（1.23456，0）输出为"1"；Serial. println（1.23456，2）输出为"1.23"；Serial. println(1.23456,4)输出为"1.2346"。

可以通过基于闪存的字符串来进行打印输出，将数据放入F( )中，再放入Serial. print( )。例如：Serial. print(F("Helloworld"))；若要发送一个字节，则使用Serial. write( )。Serial. print( )语法及参数含义见表1-15。

表 1-15　Serial. print( )语法及参数含义

Serial. print( )语法	参数	参数含义
Serial. print(val)	val	打印输出的值(任何数据类型)
Serial. print(val,format)	val	打印输出的值(任何数据类型)
	format	指定进制(整数数据类型)或小数位数(浮点类型)
Serial. print( )返回	byte	字节数

print( )将返回写入的字节数，但是否使用（或读出）这个数字是可设定的。

参考程序：
//使用for循环打印一个数字的各种格式
intx = 0;//定义一个变量并赋值
void setup( ){
　Serial. begin(9600);//打开串口传输，并设置比特率为9600bit/s
　}
void loop( ){
　//打印标签
　Serial. print(" NOFORMAT");//打印一个标签
　Serial. print("\t");//打印一个转义字符
　Serial. print(" DEC ");
　Serial. print("\t");
　Serial. print(" HEX ");
　Serial. print("\t");
　Serial. print(" OCT ");
　Serial. print("\t");
　Serial. print(" BIN ");
　Serial. print("\t");
　for(x = 0;x<64;x++){
　　//打印ASCII码表的一部分,修改它的格式得到需要的内容
　　//打印多种格式:

```
        Serial.print(x);//以十进制格式将 x 打印输出,与"DEC"相同
        Serial.print("\t");//横向跳格
        Serial.print(x,DEC);//以十进制格式将 x 打印输出
        Serial.print("\t");//横向跳格
        Serial.print(x,HEX);//以十六进制格式将 x 打印输出
        Serial.print("\t");//横向跳格
        Serial.print(x,OCT);//以八进制格式将 x 打印输出
        Serial.print("\t");//横向跳格
        Serial.println(x,BIN);//以二进制格式将 x 打印输出
        //然后用"println"打印一个回车
        delay(200);//延时 200ms
    }
    Serial.println("");//打印一个空字符,并自动换行
}
```

注意:作为 1.0 版本,串行传输是异步的;Serial.print( )将返回之前接收到的任何字符。

12)Serial.println( )。Serial.println( )用于打印数据到串行端口,输出人们可识别的 ASCII 码文本并回车(ASCII 13 或'\r')及换行(ASCII 10 或'\n')。此命令采用的形式与 Serial.print( )相同。Serial.println( )语法及参数含义见表 1-16。

表 1-16 Serial.println( )语法及参数含义

Serial.println( )语法	参数	参数含义
Serial.println(val)	val	打印输出的值(任何数据类型)
Serial.println(val,format)	val	打印输出的值(任何数据类型)
	format	指定进制(整数数据类型)或小数位数(浮点类型)
Serial.println( )返回	byte	字节数

println( )将返回写入的字节数,但可以选择是否使用它。

```
参考程序:
//模拟输入信号,读取模拟口 0 的模拟输入,打印输出读取的值
int analogValue=0;//定义一个变量来保存模拟值
void setup(){
    //设置串口比特率为 9600bit/s:
    Serial.begin(9600);
}
void loop(){
    analogValue=analogRead(0);//读取引脚 0 的模拟输入
    //打印各种格式:
    Serial.println(analogValue);//打印 ASCII 编码的十进制
```

```
    Serial.println(analogValue,DEC);//打印 ASCII 编码的十进制
    Serial.println(analogValue,HEX);//打印 ASCII 编码的十六进制
    Serial.println(analogValue,OCT);//打印 ASCII 编码的八进制
    Serial.println(analogValue,BIN);//打印 ASCII 编码的二进制
    delay(10);//延时 10ms:
}
```

13) Serial.read()。Serial.read()用于读取传入的串口的数据。read()继承自 Stream 类。Serial.read()语法即为 Serial.read(),无参数,Serial.read()返回传入的串口数据的第一个字节(如果没有可用的数据,则数据为-1),数据类型为整数型(int)。

Arduino Mega 独有 Serial1.read()、Serial2.read()、Serial3.read()。

```
参考程序:
int incomingByte=0;//传入的串行数据
void setup(){
    Serial.begin(9600);//打开串口,设置数据传输比特率为 9600bit/s
}
void loop(){
    //当接收数据时发送数据
    if(Serial.available()>0){
    //读取传入的数据:
    incomingByte=Serial.read();
    //打印得到的:
    Serial.print("I received:");
    Serial.println(incomingByte,DEC);
    }
}
```

14) Serial.readBytes()。Serial.readBytes()用于从串口读字符到一个缓冲区。如果预设的长度读取完毕或者时间到了,函数将终止。Serial.readBytes()返回放置在缓冲区的字符数。返回 0 意味着没有发现有效的数据。Serial.readBytes()继承自 Stream 类。Serial.readBytes()语法及参数含义见表 1-17。

表 1-17　Serial.readBytes()语法及参数含义

Serial.readBytes()语法	参数	参数含义
Serial.readBytes(buffer,length)	buffer	用来存储字节(char[]或 byte[])的缓冲区
	length	读取的字节个数(int)
Serial.readBytes()返回	byte	字节个数

15) Serial.readBytesUntil()。Serial.readBytesUntil()用于将字符从串行缓冲区读取到一个数组。如果检测到终止字符,或预设的读取长度读取完毕,或者时间到了[参见 Serial.setTimeout()],函数将终止。Serial.readBytesUntil()返回读入数组的字符数。返回 0 意味着

没有发现有效的数据。Serial. readBytesUntil( )继承自 Stream 类。Serial. readBytesUntil( )语法及参数含义见表 1-18。

表 1-18　Serial. readBytesUntil( )语法及参数含义

Serial. readBytesUntil( )语法	参数	参数含义
Serial. readBytesUntil (character, buffer, length)	character	要搜索的字符(char)
	buffer	缓冲区来存储字节(char[ ]或 byte[ ])
	length	读取的字节个数(int)
Serial. readBytesUntil( )返回	byte	字节个数

16）Serial. setTimeout( )。设置使用 Serial. readBytesUntil( )或 Serial. readBytes( )时等待串口数据的最大毫秒值，默认为 1000ms。Serial. setTimeout( )继承自 Stream 类。Serial. setTimeout( )语法及参数含义见表 1-19。

表 1-19　Serial. setTimeout( )语法及参数含义

Serial. setTimeout( )语法	参数	参数含义
Serial. setTimeout(time)	time	以 ms 为单位的超时时间(long)
Serial. setTimeout( )返回	无	无

17）Serial. write( )。Serial. write( )用于写入二进制数据到串口，发送的数据以一个字节或者一系列的字节为单位。如果写入的数字为字符，需使用 print( )命令进行代替。

Serial. write( )语法及参数含义见表 1-20。

表 1-20　Serial. write( )语法及参数含义

Serial. write( )语法	参数	参数含义
Serial. write(val)	val	以单个字节形式发送的值
Serial. write(str)	str	以一串字节的形式发送的字符串
Serial. write(buf, len)	buf	以一串字节的形式发送的数组
	len	数组的长度
Serial. write( )返回	byte	字节数

Serial. write( )将返回写入的字节数，但是否使用这个数字是可选的。Arduino Mega 还支持 Serial1、Serial2、Serial3（替代 Serial）。

```
参考程序：
void setup( ) {
    Serial. begin(9600);
}
void loop( ) {
    Serial. write(45);//发送一个值为 45 的字节
    int bytesSent = Serial. write("hello");//发送字符串"hello",返回该字符串的长度
}
```

项目一　汽车单片机基础知识认知

任务工单页

任务准备：

准备好计算机及程序运行环境。

任务实施：单片机的软件认知

1. 在 Arduino 中程序运行时将首先调用＿＿＿＿＿＿函数，用于初始化变量、设置针脚的输出/输入类型、配置串口、引入类库文件等。每次 Arduino 上电或重启后，setup 函数只运行一次。

2. 在 setup()中初始化和定义了变量，然后执行＿＿＿＿＿＿函数。该函数在程序运行过程中不断地循环，根据一些反馈，相应改变执行情况。通过该函数可以动态控制 Arduino 板。

3. constconst 关键字代表＿＿＿＿＿＿。

4. pinMode()用于将指定的引脚配置成输出或＿＿＿＿＿＿。

5. analogRead()用于从指定的＿＿＿＿＿＿引脚读取数据值。

6. shiftOut()将一个数据的一个＿＿＿＿＿＿一位一位地移出。

7. pulseIn()用于读取一个引脚的＿＿＿＿＿＿（HIGH 或 LOW）。

8. millis()用于返回 Arduino 开发板从运行当前程序开始的＿＿＿＿＿＿。

9. digitalWrite()用于给一个数字引脚写入 HIGH 或者＿＿＿＿＿＿。

10. attachInterrupt()用于当发生外部中断时，调用一个指定＿＿＿＿＿＿。

11. Arduino Mega 可以使用＿＿＿＿＿＿个串口。

12. digitalWrite(pin,value)指令中 value 值为 HIGH 或者＿＿＿＿＿＿。

13. 对于 Arduino UNO 不要在 AREF 引脚上使用任何小于 0V 或超过＿＿＿＿＿＿V 的外部电压。

课后作业

1. 请制作海报，绘制 Arduino 的指令及参数表；
2. 请具体调试每一条指令及其参数。

评价与反馈

通过本任务的学习，应能对单片机的软件有初步的认知。请根据实际完成情况，完成任务评价。

评价项目	评价标准	自评（30%）	互评（30%）	教师评价（40%）
基本认知	能够掌握单片机编程的结构(10分)			
	能够掌握单片机编程的语句(20分)			
	能够掌握单片机编程的运算符(10分)			
	能够掌握单片机编程的常量和变量(10分)			
	能够掌握单片机编程的函数(30分)			

39

（续）

评价项目	评价标准	自评（30%）	互评（30%）	教师评价（40%）
作业情况	能够独立完成工单和课后作业（20分）			
综合评价	合计			
	总评分			
教师评语			签字：	日期：

 知识拓展

我国半导体量子计算芯片封装技术进入全新阶段（选自光明日报）

2023年，光明日报记者从量子计算芯片安徽省重点实验室获悉，我国科研团队成功研制出第一代商业级半导体量子芯片电路载板，该载板最大可支持6bit半导体量子芯片的封装和测试需求，使半导体量子芯片可更高效地与其他量子计算机关键核心部件交互联通，将充分发挥半导体量子芯片的强大性能。

量子计算机具有比传统计算机更高效的计算能力和更快的运算速度，在多种不同技术路线中，半导体量子计算因其自旋量子比特尺寸小、良好的可扩展性、与现代半导体工艺技术兼容等优点，被视为实现大规模量子计算机处理器的强有力候选方案之一。

据了解，要实现半导体量子计算，需要该体系下稳定、可控的量子比特，芯片载板则扮演了支持量子芯片与外界测量链路及测控设备建立稳定连接的关键角色。但该领域资金投入大、技术壁垒高导致整体研发周期长、研发难度大。目前国际上生产半导体量子芯片载板的仅有丹麦的一家量子计算硬件公司。

"量子芯片载板是量子芯片封装中不可或缺的一部分，量子芯片的载板就好比城市的'地基'，它能够为半导体量子芯片提供基础支撑和信号连接，其上集成的电路和器件可有效提升量子比特信号读取的信噪比和读出保真度，确保量子芯片稳定运行。该载板高度集成的各类量子功能器件和电路功能单元，极大地提升了量子芯片的操控性能。"量子计算芯片安徽省重点实验室副主任介绍，"研发出这款半导体量子芯片电路载板可以大大节约我国在半导体量子计算技术路线的研发生产成本，也标志着我国半导体量子计算芯片封装技术进入全新阶段。"

项目二

汽车照明系统控制

学习任务4　LED 灯光控制

任务描述

当前汽车上的 LED 灯光的应用越来越多,大多数汽车都安装了 LED 的远近光灯和转向灯等,但是这些 LED 灯是如何控制的呢?下面请同学们通过学习 LED 的基本原理、硬件连接、控制应用等知识,练习编写单片机编程指令来实现汽车 LED 灯光控制吧!

学习目标

素养目标:
1. 培养学生查阅资料的自学能力。
2. 培养学生的动手能力。
3. 培养学生逻辑思维和分析问题的能力。
4. 培养学生的创新精神。

知识目标:
1. 了解 LED 的基本原理。
2. 掌握 LED 的硬件连接。
3. 掌握 LED 的控制及应用。

技能目标:
1. 能够识别 LED 的正负极引脚。
2. 能够完成单片机编程指令编写。

学习准备

工作场所:理实一体化专业教室。
在教师的引导下分组,以小组为单位学习相关知识,并回答下列问题:
1. LED 的发光原理是什么?
2. LED 如何区分正负极?

3. LED 的应用有哪些？

信息收集页

1. LED 的基本原理

发光二极管（LED）是一种能够将电能转化为可见光的固态半导体器件，它可以直接把电转化为光。LED 的"心脏"是一个半导体的晶片，晶片的一端附在一个支架上，一端是负极，另一端连接电源的正极，整个晶片被环氧树脂封装起来。LED 的物理结构与二极管相似，在它的小灯上有一个很小的晶片，这个晶片是由多层组成的，最上层是 P 型半导体层，最下层是 N 型半导体层，位于中间的则是发光层，如果在 PN 两层间施加适当的正向电压，那么中间的发光层会因为有电流流过而产生人眼可见的光子，这就是它能发光的原理。LED 的符号和实物如图 2-1 所示。

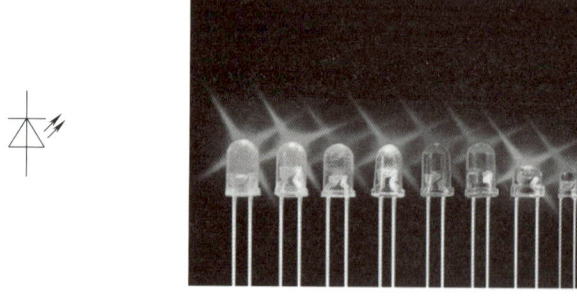

a)　　　　　　　　　b)

图 2-1　LED 的符号和实物

2. LED 的应用

LED 车灯在汽车领域应用广泛，典型产品包括前照灯（图 2-2）、雾灯等。LED 灯具有体积小、亮度高、能耗低、寿命长、环保等优点，有效减少了更换频率和维护成本，成为全球汽车照明市场的主流产品。随着自动驾驶、智能网联等技术的普及，汽车 LED 灯的应用场景将进一步拓展。

除了车外照明，LED 灯也被广泛应用于车内照明和氛围灯，包括阅读灯、显示屏背光灯、雾灯等。这些应用不仅提升了汽车的内部装饰效果，还提供了更加舒适和便捷的用车体验。

LED 灯应用于前照灯系统（AFS）的技术，可以根据驾驶条件和车辆状态自动调整灯光模式，提高夜间和恶劣天气下的行车安全。

图 2-2　LED 前照灯

LED 技术的应用使得电源管理系统能够更加精确地控制车内照明和其他电子设备，实现能源的有效管理和利用，同时也允许车辆制造商在照明设计方面拥有更大的自由度，从而创造出更具个性和科技感的车辆内饰。

总之，LED 技术的应用不仅提升了汽车的性能和安全性，还为汽车提供了更多的设计灵活性和市场竞争优势。随着技术的不断进步和应用场景的拓展，预计未来 LED 灯在汽车领域的应用将会更加广泛。

编程实例：LED 的控制

可利用 I/O 引脚和外接直插 LED 来完成 LED 控制实验，LED 控制实验器件见表 2-1。

表 2-1　LED 控制实验器件

器件	数量	器件	数量
Arduino UNO 单片机	1	220Ω 直插电阻	1
USB 下载线	1	面包板	1
单色 M5 直插 LED	1	面包线	2

按照图 2-3 所示进行 LED 硬件连线，使用数字引脚 10 连接。使用 LED 时，要连接限流电阻（220Ω），否则电流过大会烧毁 LED，注意 LED 的两个引脚，长的为正极，短的为负极。

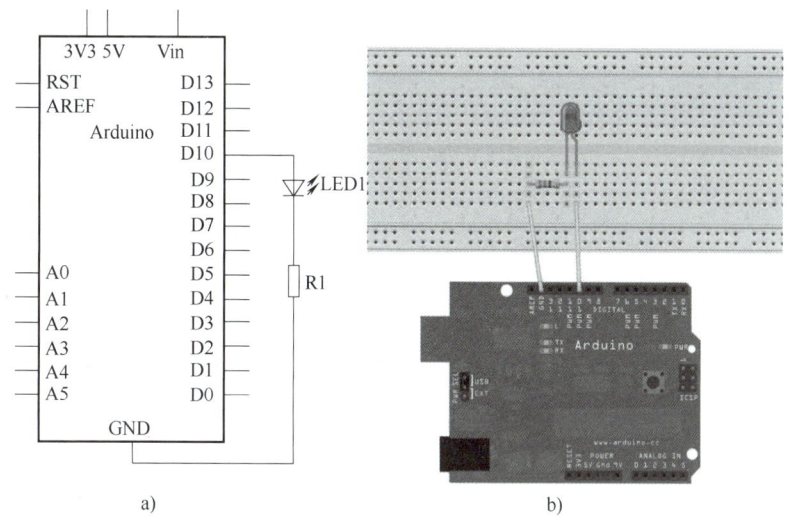

图 2-3　LED 硬件连线

按照图 2-3 连接好电路后，就可以开始编写程序了，要让 LED 小灯闪烁，具体实现方式为使小灯点亮 1s 后再熄灭 1s，并循环。此程序与 Arduino UNO 自带的例程里的 Blink 相似，只是将数字引脚 13 换成数字引脚 10。

参考程序：
```
int LEDPin = 10;//定义数字引脚 10
void setup( )
{
    pinMode(LEDPin,OUTPUT);//定义小灯引脚为输出引脚
}
void loop( )
```

43

```
        }
            digitalWrite(LEDPin,HIGH);//点亮小灯
            delay(1000);//延时 1s
            digitalWrite(LEDPin,LOW);//熄灭小灯
            delay(1000);//延时 1s
        }
```

下载完程序就可以看到引脚 10 外接小灯在闪烁了，小灯闪烁实验完成。

任务工单页

任务准备：

本任务主要实现 LED 灯光控制。LED 灯组实验器件见表 2-2。

表 2-2　LED 灯组实验器件

器件	数量	器件	数量
Arduino UNO 单片机	1	220Ω 直插电阻	11
USB 下载线	1	面包板	1
单色 M5 直插 LED	11	面包线	12

LED 灯组硬件连线如图 2-4 所示。

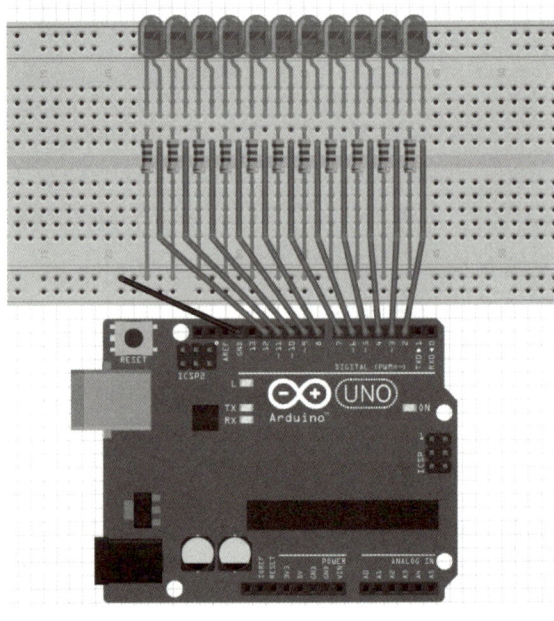

图 2-4　LED 灯组硬件连线

44

任务实施 1：汽车 LED 转向灯的控制

完成汽车 LED 转向灯的控制，要求使用 Arduino UNO 单片机连接由 11 个 LED 小灯组成的一字形灯带，使用 I/O 数字引脚 2~12，实现流水灯效果（小灯延时 50ms）。

```
参考程序：
void setup( )
{
    for( int n=2;n<=12;n++)//初始化 11 个数字引脚,数字引脚设置低电压
    {
        pinMode(n,OUTPUT);
        digitalWrite(n,LOW);
    }
}
void loop( )
{
    for( int m=2;m<=12;m++)//依次给 10 个数字引脚设置高电压,每个引脚延时 50ms
    {
        digitalWrite(m,HIGH);
        delay(50);
    }
    for( int m=2;m<=12;m++)//依次给 10 个数字引脚设置低电压,每个引脚延时 50ms
    {
        digitalWrite(m,LOW);
        delay(50);
    }
}
```

任务实施 2：完成汽车 LED 效果 1 的控制

完成汽车 LED 的控制，使用 Arduino UNO 单片机连接由 11 个 LED 小灯组成的一字形灯带，使用 I/O 数字引脚 2~12，要求连接数字引脚 7 的中心灯常亮，其他小灯依次向两端点亮，再依次返回灭掉（小灯延时 50ms）。

LED流水灯效果

```
参考程序：
void setup( )
{
    for( int n=2;n<=12;n++)//初始化 11 个数字引脚,引脚设置低电压
    {
```

```
            pinMode(n,OUTPUT);
            digitalWrite(n,LOW);
    }
}
void loop( )
{
    digitalWrite(7,HIGH);//数字引脚 7 设置高电压
        for( int m=1;m<=5;m++)//以数字引脚 7 为中心向外依次设置高电压,延时 50ms
        {
            digitalWrite(7+m,HIGH);
            digitalWrite(7-m,HIGH);
            delay(50);
        }
        for( int m=5;m>=0;m--)//以数字引脚 7 为中心从外依次设置低电压,延时 50ms
        {
            digitalWrite(7+m,LOW);
            digitalWrite(7-m,LOW);
            delay(50);
        }
}
```

任务实施 3：完成汽车 LED 效果 2 的控制

完成汽车 LED 的控制,使用 Arduino UNO 单片机连接由 11 个 LED 小灯组成的一字形灯带,使用 I/O 数字引脚 2~13,要求始终只有 2 个 LED 小灯亮,其他小灯灭,且点亮的小灯依次从左往右传递,再从右往左传递回来（小灯延时 50ms）。

LED振荡灯效果

```
参考程序:
void setup( )
{
for( int n=2;n<=12;n++)//初始化 11 个数字引脚,引脚设置低电压
{
        pinMode(n,OUTPUT);
        digitalWrite(n,LOW);
}
}
void loop( )
{
```

```
        for(int m=2;m<=11;m++)//点亮一端2个小灯后,点亮的小灯依次向另一侧
传递
        {
            digitalWrite(m-1,LOW);
            digitalWrite(m,HIGH);
            digitalWrite(m+1,HIGH);
            delay(50);
        }
        for(int m=11;m>=4;m--)//点亮的2个小灯传递到另一端后,再依次返回
        {
            digitalWrite(m-1,HIGH);
            digitalWrite(m,HIGH);
            digitalWrite(m+1,LOW);
            delay(50);
        }
    }
```

课后作业

1. 控制10个LED，要求独立完成绘制连线图和硬件连接，实现每隔1s单数号灯和偶数号灯交替点亮。

2. 控制10个LED，要求独立完成绘制连线图和硬件连接，实现每隔1s点亮一个灯，11s时所有灯一起闪烁3次，闪烁延时0.5s。

LED始终两个灯同时亮效果

评价与反馈

通过本任务的学习，应能实现对汽车全车LED灯光的控制。请根据实际完成情况，完成任务评价。

评价项目	评价标准	自评(30%)	互评(30%)	教师评价(40%)
基本认知	能够掌握LED的基本原理(10分)			
任务实施	能够掌握LED的硬件连线方法(20分)			
	能够安全规范地完成任务(10分)			
	完成任务后能整理好工位(10分)			
控制编程	编程思路、逻辑清晰(10分)			
	能够完成单片机编程指令编写，程序规范、完整，能够成功运行(15分)			
	算法优秀，或者能够通过查阅资料自学并改进自己的算法(10分)			
作业情况	能够独立完成作业中软硬件的要求(15分)			
综合评价	合计			
	总评分			
教师评语		签字：	日期：	

学习任务5 汽车继电器模块控制

任务描述

当前汽车电路上对继电器的应用很多，大多数汽车都会使用继电器模块来控制车载电器的开启和关闭，但是这些继电器模块是如何控制的呢？下面请同学们通过学习继电器模块的基本原理、硬件连接、控制应用等知识，练习编写单片机编程指令来实现汽车继电器的控制吧！

学习目标

素养目标：

1. 培养学生查阅资料的自学能力。
2. 培养学生的动手能力。
3. 培养学生分析问题、解决问题的能力。

知识目标：

1. 了解继电器的基本原理。
2. 掌握继电器的硬件连接。
3. 掌握继电器的控制及应用。

技能目标：

1. 能够识别继电器的6个引脚。
2. 能够完成单片机编程指令编写。

学习准备

工作场所：理实一体化专业教室。

在教师的引导下分组，以小组为单位学习相关知识，并回答下列问题：

1. 继电器的工作原理是什么？
2. 继电器都有哪些引脚？
3. 继电器的应用有哪些？

信息收集页

1. 继电器的基本原理

单片机输出/输入的电压一般在3.3~5V之间，而生活中常用电器电压很多是12V、220V或380V。大电流具有危险性，不能用单片机直接控制，而继电器能用小电流去控制大电流，从而扩展了单片机的应用范围，在电路中起着自动调节、安全保护、转换电路等作用。

单片机控制：

1）负接线引脚（-）：通常连接到信号源的负极。

2）正接线引脚（+）：通常连接到信号源的正极。

3）开关（S）：单片机用来控制电压输出的引脚，通常连接 I/O。

被控制外部电路：

1）常开点（NO）：该引脚正常时不连接到公共端，并在继电器被激活时连接。

2）常闭点（NC）：该引脚正常时连接到公共端，并在继电器被激活时断开。

3）公共端（COM）：在大多数情况下，此引脚连接到驱动电路的电源地。

图 2-5 所示是 5V 继电器模块，它可以用作单片机开发板模块，也可以用作家电控制。它采用 TTL 控制信号，可以控制直流或者交流信号。继电器有一个常开和一个常闭触点，配有电源指示灯和吸合亮、断开不亮的控制指示灯。

图 2-5　5V 继电器模块

2. 继电器模块在汽车上的应用

继电器在汽车上的应用有：起动机继电器、喇叭继电器、电动机或发电机断路继电器、充电电压和电流调节继电器、灯光亮度控制继电器、空调控制继电器、推拉门自动开闭控制继电器、玻璃窗升降控制继电器等。

继电器模块的控制

编程实例：继电器模块的控制

继电器控制实验采用 1 个 LED 小灯作为大功率设备，使用 Arduino UNO 单片机的数字引脚 8，输出高电平延时 1s 后，输出低电平 1s，即为开关断开 1s 再接通 1s。需要的继电器实验器件见表 2-3。

表 2-3　需要的继电器实验器件

器件	数量	器件	数量
Arduino UNO 单片机	1	一字螺丝刀	1
USB 下载线	1	面包板	1
继电器	1	面包线	6

继电器硬件连线如图 2-6 所示。

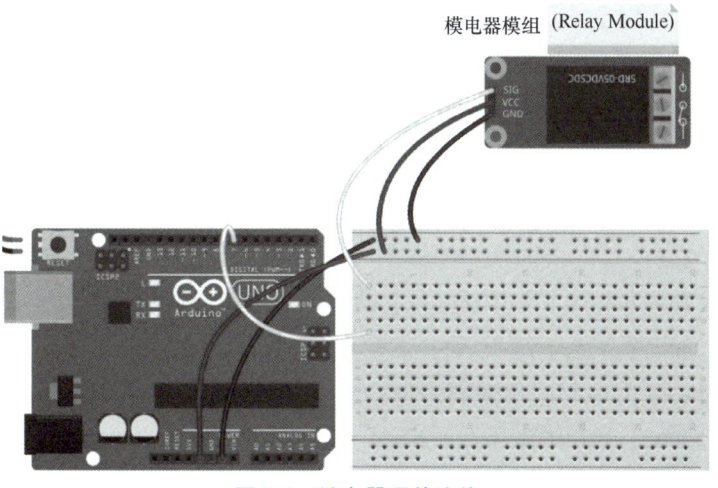

图 2-6　继电器硬件连线

参考程序：
```
int RelayPin=7;//定义数字引脚 7 连接继电器信号接口
void setup()
{
    pinMode(RelayPin,OUTPUT);//定义 RelayPin 接口为输出接口
}
void loop()
{
    digitalWrite(RelayPin,HIGH);//驱动继电器闭合导通
    delay(1000);//延时 1s
    digitalWrite(RelayPin,LOW);//驱动继电器断开
    delay(1000);//延时 1s
}
```
下载完程序就可以听到继电器每隔 1s 跳动的声音。

任务工单页

任务准备：

任务需要的继电器实验器件见表 2-3，继电器硬件连线如图 2-6 所示。

任务实施：继电器的循环控制

完成对汽车继电器的控制，要求使用 Arduino UNO 单片机连接 1 个继电器，使用 I/O 数字引脚 7 控制，实现继电器闭合 2s 断开 3s 的循环切换。

参考程序：
```
int RelayPin=7;//定义数字引脚 7 连接继电器信号接口
void setup()
{
    pinMode(RelayPin,OUTPUT);//定义 RelayPin 接口为输出接口
}
void loop()
{
    digitalWrite(RelayPin,HIGH);//驱动继电器闭合导通
    delay(2000);//延时 2s
    digitalWrite(RelayPin,LOW);//驱动继电器断开
    delay(3000);//延时 3s
}
```

📖 课后作业

1. 控制 2 个继电器,要求独立绘制连线图并完成硬件连接,实现每隔 1s,2 个继电器交替切换的效果。

2. 控制 2 个继电器,要求独立绘制连线图并完成硬件连接,实现一个继电器打开 2s 后闭合 2s 并进行循环,另一个继电器打开 3s 后闭合 3s 并进行循环。

继电器的循环控制效果

📖 评价与反馈

通过本任务的学习,应能实现汽车继电器模块的控制。请根据实际完成情况,完成任务评价。

评价项目	评价标准	自评(30%)	互评(30%)	教师评价(40%)
基本认知	能够掌握继电器的基本原理(10 分)			
任务实施	能够掌握继电器的硬件连线方法(20 分)			
	能够安全规范地完成任务(10 分)			
	完成任务后能整理好工位(10 分)			
控制编程	编程思路、逻辑清晰(10 分)			
	能够完成单片机编程指令编写,程序规范、完整,能够成功运行(15 分)			
	算法优秀,或者能够通过查阅资料自学并改进自己的算法(10 分)			
作业情况	能够独立完成作业中软硬件的要求(15 分)			
综合评价	合计			
	总评分			
教师评语				
	签字: 日期:			

📖 知识拓展

北斗卫星导航系统(BDS)是以我国发射的人造地球卫星为基础的卫星无线电导航系统,具有定位精度高、服务范围广、提供全天候及连续导航定位服务的特点。到目前为止,它已经发展了三代。它是我国时空定位领域的重要国家基础设施,也是国防和军队信息化建设的重要基石。随着卫星导航技术的发展和系统建设,国际竞争日趋激烈。美国的全球定位系统(GPS)也是一种全球导航卫星系统(GNSS),与北斗卫星导航系统一样,其发射的无线电导航定位信号分为短码和长码。短码,也称为民用码,为公众提供公共服务。短码无线信号传输周期为 1ms，每个传输信号中只有 1023 个码片，相对容易解码。目前，中国的 BDS 和美国的 GPS 卫星民用码免费向全世界提供公共服务。长码又称精确测距码（P 码）或军用码（M 码），主要为军事工程提供服务，具有较高的定位精度和较高的传输功率。军用密码通常每发送一个信号有 1023 万个码片，这些芯片是用超长伪随机数加密的，即使是世界上最先进的超级计算机也极难破译。例如，美国的 GPS 军用编码采用伪随机码发生器加密，密钥替换周期为一周。理论上，只要对伪随机码发生器的产生规律进行译码，就可以对其进行译码。

项目三

汽车信号系统控制

学习任务6　串口通信控制

📖 任务描述

当前汽车上串口通信是一种基础的数据传输方式，例如 USB 就是一种有线串口，而蓝牙就是一种无线串口，那串口是如何工作的呢？下面请同学们通过学习串口的基本原理、硬件连接、控制应用等知识，练习编写单片机编程指令来实现汽车串口通信吧！

📖 学习目标

素养目标：

1. 培养学生查阅资料的自学能力。
2. 培养学生的动手能力。
3. 培养学生逻辑思维和分析问题的能力。
4. 培养学生沟通和团队合作的能力。

知识目标：

1. 了解串口通信的基本原理。
2. 掌握串口通信的硬件连接。
3. 掌握串口通信的控制及应用。

技能目标：

1. 能够识别串口通信的各个引脚。
2. 能够完成单片机编程指令编写。

📖 学习准备

工作场所：理实一体化专业教室。

在教师的引导下分组，以小组为单位学习相关知识，并回答下列问题：

1. 串口通信的原理是什么？
2. 串口通信需要多少引脚？

3. 串口通信的应用有哪些？

信息收集页

1. 串口通信的基本原理

串口通信是指外设设备和计算机之间，通过数据信号线、地线等，按位（bit）进行数据传输（发送和接收）的一种通信方式。串口通信是逐个字符传输，每个字符逐位传输，并且传输一个字符时，总是以"起始位"开始，以"停止位"结束，字符之间没有固定的时间间隔要求。每一个字符的前面都有一位起始位（低电平），字符本身由 7 位数据位组成，接着字符后面是一位校验位（校验位可以是奇校验、偶校验或无校验位），最后是 1 位、1.5 位或 2 位停止位，停止位后面是不定长的空闲位，停止位和空闲位都规定为高电平。实际传输时每一位的信号宽度与比特率有关，比特率越高，宽度越小，在进行传输之前，双方一定要使用同一个比特率设置。串口通信最重要的参数是比特率、数据位、停止位和奇偶校验。对于 2 个进行通信的端口，这些参数必须匹配。

对于串口通信而言，比特率是衡量信号传输速率的重要参数，具体是指每秒传输二进制的位数。串口通信是一种异步通信方式，收发双方并没有同步时钟信号来规约一个 bit 的数据发送电平维持多长时间，这样只能靠收发双方的速率来同步收发数据，这个速率就是比特率（BaudRate），其单位为 bit/s。串口通信常用速率为 115200bit/s（3G/4G/调试串口等）、9600bit/s（NB-loT/GPS 等）、4800bit/s 等。收发双方的速率必须保持一致，否则会出现乱码或完全接收不到数据的现象。例如，比特率 115200bit/s 的含义是 1s 传输二进制的位数为 115200，也即传输 1bit 需要 $1/115200s = 8.68\mu s$。

对于串口通信而言，起始位表示发送方要开始发送一个通信单元，起始位的定义是串口通信标准事先指定的，是由通信线上的电平变化来反映的。对于串口通信而言，总线没有数据传输空闲时维持高电平，一旦产生一个下降沿变成低电平，则表示起始信号。在传输时它会先发出一个逻辑"0"的信号，来表示传输字符的开始。

数据位是串口通信在一个通信单元中发送的有效信息位，是本次通信真正要发送的有效数据，串口通信一次发送多少位有效数据是可以设定的（可选的有 6、7、8、9，一般都是选择 8 位数据位，因为一般通过串口发送的数据编码方式都是以字节为单位的 ASCII 码编码，而 ASCII 码中一个字符刚好编码为 8 位）。

在标准 ASCII 码中，其最高位（b7）用作奇偶校验位。奇偶校验是在代码传送过程中用来检验是否出现错误的一种方法，一般分奇校验和偶校验两种。奇校验规定：正确的代码中，一个字节里 1 的个数必须是奇数，若非奇数，则在最高位 b7 添 1；偶校验规定：正确的代码中，一个字节里 1 的个数必须是偶数，若非偶数，则在最高位 b7 添 1。

停止位在串口通信中用于表示单个传输单元的最后一位，典型的值为 1、1.5 和 2 位。由于数据是在传输线上定时的，并且每一个设备有其自己的时钟，很可能在通信中两台设备间出现不同步，因此停止位不仅是表示传输的结束，并且能提供计算机校正时钟同步的机会。停止位的位数越多，不同时钟同步的容忍程度越大，但是数据传输率同时也越低，串口通信的信号单元结构如图 3-1 所示。

串口通信模式分为单工、半双工、全双工。

1）单工模式的数据传输是单向的。通信双方中，一方固定为发送端，一方则固定为接收端，信息只能沿一个方向传输，使用一根传输线。

2）半双工模式通信使用同一根传输线，既可以发送数据又可以接收数据，但不能同时进行发送和接收。数据传输允许数据在两个方向上传输，但是，在任何时刻只能由其中的一方发送数据，另一方接收数据。因此

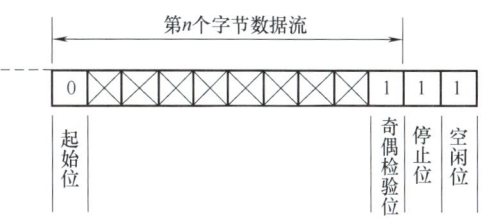

图 3-1　串口通信的信号单元结构

半双工模式既可以使用一条数据线，也可以使用两条数据线。半双工通信中每端需有一个收发切换电子开关，通过切换来决定数据向哪个方向传输。因为有切换，所以会产生时间延迟，信息传输效率较低。

3）全双工模式通信允许数据同时在两个方向上传输。因此，全双工通信是两个单工通信方式的结合，它要求发送设备和接收设备都有独立的接收和发送能力。在全双工模式中，每一端都有发送器和接收器，有两条传输线，显然，在其他参数都一样的情况下，全双工模式比半双工模式传输速度快、效率高。

2. 串口通信的应用

在实际应用中，串口通信可以按电气标准及协议来划分，分为 RS232 和 RS485 等通用形式。

RS232 是计算机与通信工业应用中最广泛一种串行接口。它以全双工模式工作，需要地线、发送线和接收线 3 条线。但是，RS232 只能实现点对点的通信方式。在 RS232 中，通常定义了 3 种接口：接收数据接口（RXD）、发送数据接口（TXD）、信号地接口（GND/SG）。计算机 DB9 接口是常见的 RS232 串口，如图 3-2 所示。

RS232 在实际应用中有以下缺点：接口信号电平值较高，接口电路芯片容易损坏；传输速率低，最高比特率为 19200bit/s；抗干扰能力较差；传输距离有限，一般在 15m 以内；只能实现点对点的通信方式。为了解决 RS232 在实际应用中的缺点，常采用 RS485 的串口形式。RS485 可以在有电子噪

图 3-2　计算机 DB9 接口

声的环境下进行长距离有效率的通信，在线性多点总线的配置下，可以在一个网络上有多个接收器。RS485 采用平衡传输方式，需要在传输线上接终端电阻。RS485 可以采用二线制与四线制，二线制可实现真正的多点双向通信。因此适用于工业环境。RS485 具备以下的特点：差分传输增加噪声抗扰度，减少噪声辐射；长距离链路，最长可达 4000ft（约 1219m）；数据传输速率高达 10Mbit/s（40in 内，约 12.2m）；同一总线可以连接多个驱动器和接收器，宽共模范围，允许驱动器和接收器之间接地电位有差异，允许最大共模电压为 -7~12V。

编程实例：串口通信的控制

用一块 Arduino 板和一根下载线，实现 Arduino 板显示"Hello World!"，这是 Arduino 和计算机的通信实验，这也是基本的串口通信实验，可以通过这个实验来掌握串口的基本编程方法。这个实验需要用到的串口实验器件见表 3-1。

表 3-1　串口实验器件

器件	数量
Arduino UNO 单片机	1
USB 下载线	1

串口硬件连线如图 3-3 所示。

首先将 Arduino UNO 单片机和 USB 下载线连接好并接入计算机 USB 口,再打开 Arduino 的软件,编写一段程序让 Arduino 接收到所发指令就显示"Hello World!"字符串,也可以让 Arduino 不用接收任何指令就直接不断回显"Hello World!",其实很简单,一条 if( ) 语句就可以让 Arduino 听从相应指令了,程序运行界面如图 3-4 所示。

图 3-3　串口硬件连线

参考程序:
int val;//定义变量 val
void setup( )
{
　　Serial. begin(9600);//设置比特率为 9600bit/s,跟软件设置相一致。当接入特定设备(如蓝牙)时,也要跟其他设备的比特率一致
}
void loop( )
{
　　val=Serial. read( );
　　//读取 PC 发送给 Arduino 的指令或字符,并将该指令或字符赋给 val
　　if(val = ='R')//判断接收到的指令或字符是否是"R"
　　Serial. println("Hello World!");//显示"Hello World!"字符串
}

注意:无线串口蓝牙模块收发数据时,程序上与 USB 有线串口没有区别,区别在于硬件连接,通过 USB 下载程序后,需要单片机拔掉 USB 数据线,将蓝牙模块的 RX 引脚接入单片机 TX 引脚,蓝牙的 TX 引脚接入到单片机 RX 引脚,蓝牙 VCC 引脚按照蓝牙模块规格连接单片机的 5V 或者 3.3V 引脚,蓝牙 GND 引脚接入单片机 GND 引脚,最后插上供电电源方可工作。

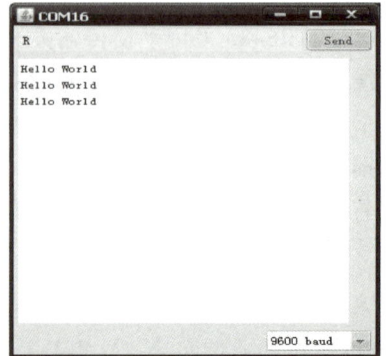

图 3-4　程序运行界面

任务工单页

任务准备：

串口实验器件见表 3-1，串口硬件连线如图 3-3 所示。

任务实施：串口信息反馈

完成串口交互程序，要求单片机通过串口发送"1+1=？"，通过串口回复"2"则反馈"right"；回复其他数字则反馈"wrong"。

```
参考程序：
void setup( )
{
    Serial. begin(9600);
    Serial. println("1+1=?");
}
void loop( )
{
    if(Serial. availabel( )>0)
    {
        val = Serial. read( );
        if(val = ='2')
        Serial. println("right");
        else
        Serial. println("wrong");
    }
}
```

课后作业

1. 通过串口通信进行信息交互，要求第一秒单片机引脚 13 灯亮时向计算机发送"LED ON"，下一秒引脚 13 灯灭时向计算机发送"LED OFF"，如此交替。

串口信息反馈

2. 通过串口通信进行信息交互，要求第一秒单片机引脚 13 灯亮时向计算机发送"1 LED ON"，下一秒引脚 12 灯亮时向计算机发送"2 LED ON"，下一秒两个灯一起灭并向计算机发送"All LED OFF"。

评价与反馈

通过本任务的学习，应能实现串口通信。请根据实际完成情况，完成任务评价。

评价项目	评价标准	自评（30%）	互评（30%）	教师评价（40%）
基本认知	能够掌握串口通信的基本原理(10分)			
任务实施	能够掌握串口通信的硬件连线方法(20分)			
	能够安全规范地完成任务(10分)			
	完成任务后能整理好工位(10分)			
控制编程	编程思路、逻辑清晰(10分)			
	能够完成单片机编程指令编写，程序规范、完整，能够成功运行(15分)			
	算法优秀，或者能够通过查阅资料自学并改进自己的算法(10分)			
作业情况	能够独立完成作业中软硬件的要求(15分)			
综合评价	合计			
	总评分			
教师评语				

签字： 日期：

学习任务7 触点开关的控制

任务描述

触点开关在汽车上的的应用很多，汽车大多数的功能控制都采用触点开关，但是这些触点开关是如何工作的呢？下面请同学们通过学习触点开关的基本原理、硬件连接、控制应用等知识，练习编写单片机编程指令来实现对汽车触点开关的控制吧！

学习目标

素养目标：

1. 培养学生查阅资料的自学能力。
2. 培养学生的动手能力。
3. 培养学生逻辑思维和分析问题的能力。

知识目标：

1. 了解触点开关的基本原理。
2. 掌握触点开关的硬件连接。

3. 掌握触点开关的控制及应用。

技能目标：

1. 能够识别触点开关的不同引脚。
2. 能够完成单片机编程指令编写。

学习准备

工作场所：理实一体化专业教室。

在教师的引导下分组，以小组为单位学习相关知识，并回答下列问题：

1. 触点开关的原理是什么？
2. 触点开关如何区分引脚？
3. 触点开关的应用有哪些？

信息收集页

1. 触点开关的基本原理

触点开关是一种常用的电子开关装置，广泛应用于各种电路中。它的工作原理是基于电流的导通和断开，在电路中起到开关控制的作用。触点开关一般由定触点和动触点组成。定触点通常被固定在开关的外壳上，而动触点则可以通过按下或松开开关来控制电路的工作状态。当定触点与动触点接触时，接触面积变大，电阻变小，电流正常流动；当定触点与动触点逐渐分开时，接触面积变小，电阻变大，电流断开。触点开关主要是由按钮、触点、弹簧、导电条和底座等部件组成。

1）按钮：它是触点开关的外部控制部分，通过轻触按钮使触点接触或断开，从而实现开关的切换。

2）触点：它是触点开关的重要组成部分，它和底座上的导电条相连，通过触碰导电条实现电路的接通与断开。

3）弹簧：它通常是由金属材料制成，其作用是帮助按钮恢复到原来的位置，并保持一定的弹性形变，以确保触点正常工作。

4）导电条：它是贴在底座上的一条薄膜，可以用来传输电信号，是实现触点开关切换的重要部件。

5）底座：它是触点开关的主体部分，还可以固定其他部件，使其配合工作。

2. 触点开关的应用

触点开关的应用非常广泛，尤其是在电力领域、工业领域和仪表领域。在电力领域：触点开关通常应用于高压开关、低压开关、交流接触器等电力设备中。由于触点开关材料导电性好、电阻率低，因此使用触点开关有利于提高开关的通信速度和稳定性，从而确保电力系统的正常运行。在工业领域：触点开关通常应用于机床、自动化生产线等工业设备中，可用于控制电动机的启停、正反转以及方向控制等功能。在仪表领域：触点开关通常应用于温度控制、电能计量、电压检测等仪表设备中。使用触点开关可以有效提高仪表的精度和稳定性。图 3-5 所示为常见的触点开关实物图，触点开关的便利性和安全性是其应用广泛的重要原因。图 3-5a 是汽车起动按钮所使用的触点开关，图 3-5b 是车用电加热器的触点开关。

汽车单片机技术

a)　　　　　　　　　　　b)

图 3-5　常见的触点开关实物图

编程实例：触点开关的控制

　　I/O 引脚即为 INPUT 引脚和 OUTPUT 引脚，之前设计的小灯实验只应用到 Arduino 的 I/O 引脚的输出功能，本实验将尝试使用 Arduino 的 I/O 引脚的输入功能，即读取外接设备的输出值。下面通过用一个按键和一个 LED 小灯结合使用完成一个输入、输出的实验，简单介绍 I/O 的作用。按键开关属于开关量（数字量）元件，按下时为闭合（导通）状态。触点开关实验器件见表 3-2。

表 3-2　触点开关实验器件

器件	数量	器件	数量
Arduino UNO 单片机	1	触点开关	1
USB 下载线	1	面包板	1
单色 M5 直插 LED	1	面包线	6
220Ω 直插电阻	2		

　　将按键接到数字引脚 7，红色小灯接到数字引脚 11（Arduino 单片机 I/O 数字引脚 0~13 都可以用来接按键和小灯，但是尽量不选择引脚 0 和 1，按图 3-6 和图 3-7 所示连接好电路。

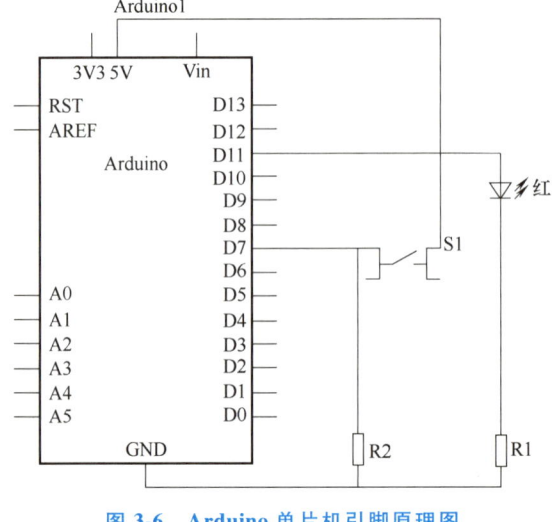

图 3-6　Arduino 单片机引脚原理图

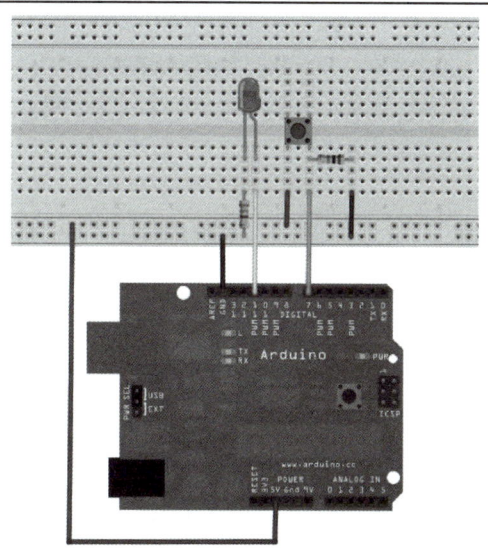

图 3-7　Arduino 单片机引脚连线

连接好电路后开始编写程序,要求按键按下时小灯亮起,Arduino 的程序编写语句是基于 C 语言的,所以 C 语言的条件判断语句也适用于 Arduino,下面选择易于理解的 if 语句编写程序。

分析电路可知当按键按下时,数字引脚 7 可读出为高电平,这时使数字引脚 11 输出高电平,小灯亮起;若程序判断数字引脚 7 为低电平,则数字引脚 11 输出也为低电平,小灯不亮。

参考程序:
int ledpin=11;//定义数字引脚 11
int inpin=7;//定义数字引脚 7
int val;//定义变量 val
void setup( )
{
　　pinMode(ledpin,OUTPUT);//定义小灯引脚为输出引脚
　　pinMode(inpin,INPUT);//定义按键引脚为输入引脚
}
void loop( )
{
　　val=digitalRead(inpin);//读取数字引脚 7 电平值赋给 val
　　if(val= =LOW)//检测按键是否按下,按键按下时小灯亮起
　　{ digitalWrite(ledpin,LOW);}
　　else
　　{ digitalWrite(ledpin,HIGH);}
}

程序运行界面如图 3-8 所示，下载完程序本次的小灯配合按键的实验就完成了。

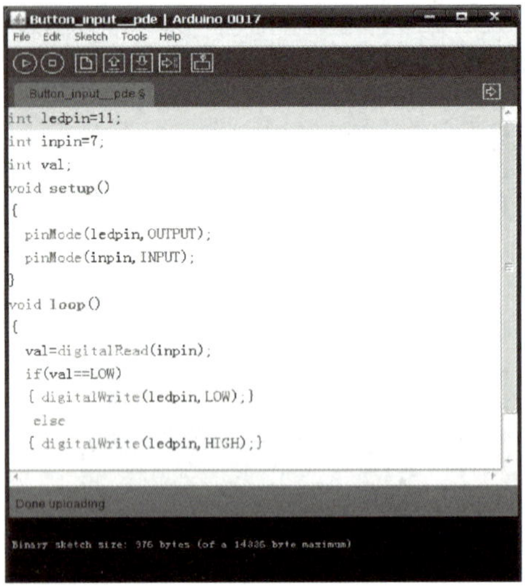

图 3-8　程序运行界面

任务工单页

任务准备：

触点开关实验器件见表 3-2。

任务实施 1：触点开关对 LED 的控制 1

本任务完成 LED 灯的延时控制，要求使用 Arduino UNO 单片机连接 1 个 LED 小灯，使用数字引脚 11 控制 LED 灯，使用数字引脚 7 接收触点开关信号，实现 LED 灯在按下一次触点开关并松开后，延时 1s 后熄灭。

参考程序：
```
void setup( )
{
    pinMode(7,OUTPUT);//定义小灯数字引脚 7 为输出数字引脚
    pinMode(11,INPUT);//定义按键数字引脚 11 为输入数字引脚
}


void loop( )
{
    val=digitalRead(inpin);//读取数字引脚 7 电平值赋给 val
    if( val = = HIGH)//检测按键是否按下
    {
        delay(10);//按键防抖
        if(digitalRead(inpin) = = HIGH
```

```
                {
                    digitalWrite(ledpin,HIGH);
                    delay(1000);
                    digitalWrite(ledpin,LOW);
                }
        }
}
```

注意：一个按键就是一个开关量输入装置。由于机械触点的弹性作用，一个按键开关在闭合或断开时不会马上稳定下来，会有瞬间的抖动，抖动时间的长短由按键的机械特性决定，一般为5~10ms。为了能使键盘给系统提供准确的数据和命令，必须设法消除抖动。消除按键抖动的措施有两种：硬件方法和软件方法。硬件方法可以采用RC滤波消抖电路或RS双稳态消抖电路。软件方法是在第一次检测到有按键闭合时，首先执行一段延时10ms的子程序，然后再确认该按键电平是否仍保持闭合状态电平，如果保持闭合状态电平则确认为真正有按键按下，从而消除抖动的影响。

触点开关对LED的控制1

任务实施2：触点开关对LED的控制2

本任务完成LED灯的按键控制，要求使用Arduino UNO单片机连接1个LED小灯，使用数字引脚11控制LED灯，使用数字引脚7接收触点开关信号，实现按触点开关一次LED灯点亮，再按一次LED灯熄灭。

```
参考程序：
int num;//记录按键次数
void setup()
{
    pinMode(7,OUTPUT);//定义小灯数字引脚7为输出数字引脚
    pinMode(11,INPUT);//定义按键数字引脚11为输入数字引脚
    num=0;//设置按键初始次数
}
void loop()
{
    val=digitalRead(inpin);//读取数字引脚7电平值赋给val
    if(val==HIGH)//检测按键是否按下
    {
        delay(10);    //按键防抖
        if(digitalRead(inpin)==HIGH)
        num++
    }
```

```
    if(num%2==0)//判断按键次数为偶数次,灯熄灭
    digitalWrite(11,LOW);
    if(num%2==1)//判断按键次数为奇数次,灯点亮
    digitalWrite(11,HIGH);
}
```

课后作业

1. 用2个触点开关分别控制2个LED灯,要求独立绘制连线图并完成硬件连接,实现按下哪个触点开关哪个LED灯亮,不按触点开关LED灯熄灭。

2. 用2个触点开关控制2个LED灯,要求独立绘制连线图并完成硬件连接,实现按下1个触点开关亮1个LED灯,按下另一个触点开关亮2个LED灯,不按触点开关2个LED灯都不亮。

触点开关对LED的控制2

评价与反馈

通过本任务的学习,应能实现对汽车全车触点开关的控制。请根据实际完成情况,完成任务评价。

评价项目	评价标准	自评(30%)	互评(30%)	教师评价(40%)
基本认知	能够掌握触点开关的基本原理(10分)			
任务实施	能够掌握触点开关的硬件连线方法(20分)			
	能够安全规范地完成任务(10分)			
	完成任务后能整理好工位(10分)			
控制编程	编程思路、逻辑清晰(10分)			
	能够完成单片机编程指令编写,程序规范、完整,能够成功运行(15分)			
	算法优秀,或者能够通过查阅资料自学并改进自己的算法(10分)			
作业情况	能够独立完成作业中软硬件的要求(15分)			
综合评价	合计			
	总评分			
教师评语				

签字:　　　　　日期:

学习任务8　模拟量的数据读取

任务描述

模拟量在汽车上的的应用很多，汽车大多数的功能控制都采用旋钮，但是这些旋钮是如何获取模拟量的呢？下面请同学们通过学习模拟量的基本原理、硬件连接、控制应用等知识，练习编写单片机编程指令来实现汽车模拟量的控制吧！

学习目标

素养目标：
1. 培养学生查阅资料的自学能力。
2. 培养学生的动手能力。
3. 培养学生逻辑思维和分析问题的能力。

知识目标：
1. 了解获取模拟量的基本原理。
2. 掌握模拟量的硬件连接。
3. 掌握模拟量的控制及应用。

技能目标：
1. 能够识别旋钮的引脚。
2. 能够完成单片机编程指令编写。

学习准备

工作场所：理实一体化专业教室。

在教师的引导下分组，以小组为单位学习相关知识，并回答下列问题：
1. 获取模拟量的方法是什么？
2. 旋钮如何区分引脚？
3. 模拟量的应用有哪些？

信息收集页

1. 模拟量的定义

模拟量是计算机对传感器所检测的信号进行采集、加工和处理的媒介。传感器所检测到的物理量（如电压、电流、压力、速度、流量、转矩等）一般采用模拟量信号来表示，模拟量信号是振幅随时间连续变化的信号。在 PLC 系统中使用的模拟量有两种，一种是模拟电压，一种是模拟电流，模拟电压是应用最多的模拟量。模拟电压信号为 0～10V，一般应用在 OEM 设备中，长距离传输时容易受干扰。模拟电流一般是 4～20mA，一般用在 DCS 系统中，抗干扰能力强。

2. 模拟信号的应用

假设模拟量的标准电信号是 $A_0 \sim A_m$（如 4~20mA），A-D 转换后数字量的数值为 $D_0 \sim D_m$（如 6400~32000），设模拟量的标准电信号是 A，A-D 转换后数字量的数值相应为 D，由于是线性关系，根据函数关系 $A=f(D)$，可以表示为

$$A=(D-D_0)\times(A_m-A_0)/(D_m-D_0)+A_0 \qquad (3-1)$$

根据式（3-1），可以方便地根据 D 值计算出 A 值。同时可以得出函数关系 $D=f(A)$，可以表示为

$$D=(A-A_0)\times(D_m-D_0)/(A_m-A_0)+D_0 \qquad (3-2)$$

以可编程序控制器 S7-200 和模拟量信号 4~20mA 为例进行说明，经 A-D 转换后，得到的数字量的数值为 6400~32000，当 AIW0（AIW0 表示 S7-200 上的第一个模拟量通道的地址）的值为 12800 时，代入式（3-1），得到相应的模拟电信号 $A=(12800-6400)\times(20-4)/(32000-6400)+4=8$，即模拟量的标准电信号为 8mA。

> **编程实例：模拟量的数据读取**
>
> Arduino UNO 有 6 个模拟引脚（模拟 0~模拟 5），这 6 个引脚也可以算作引脚功能复用，除模拟引脚功能以外，这 6 个引脚也可作为数字引脚使用，编号为数字 14~数字 19。旋钮电位计是典型的模拟量输出元件，本实验的目的是将电位计的阻值转化为模拟量读取出来，然后显示到屏幕上，模拟量读取实验器件见表 3-3。
>
> 表 3-3 模拟量读取实验器件
>
> | 器件 | 数量 | 器件 | 数量 |
> |---|---|---|---|
> | Arduino UNO 单片机 | 1 | 面包板 | 1 |
> | USB 下载线 | 1 | 面包线 | 4 |
> | 旋钮电位计 | 1 | | |
>
> 按照图 3-9 所示连接旋钮电位计。

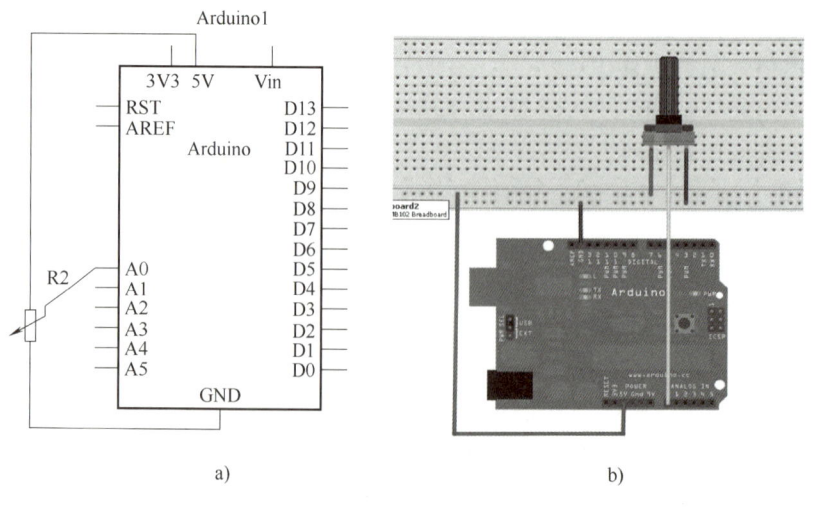

图 3-9 旋钮电位计连线

实验使用的是模拟引脚 0,程序编写时一个"analogRead( ):"语句就可以读出模拟引脚的值,Arduino 328 是 10 位的 A/D 采集,所以读取的模拟值范围是 0~1023。若要显示数值在屏幕上,首先要在 void setup( )里面设置比特率,显示数值属于 Arduino 与计算机通信,所以 Arduino 的比特率应与计算机软件设置的相同才能显示出正确的数值,否则将会显示乱码或不显示数值,在 Arduino 软件的监视窗口右下角有一个可以设置比特率的按钮,这里设置的比特率需要与程序中 void setup( ) 里面设置的比特率相同,程序设置比特率的语句为"Serial. begin( );"括号中为比特率的值。显示数值的语句为"Serial. print( );"或者"Serial. println( );"后者显示完数值后自动换行,前者不换行。

参考程序:
int potpin=0;//定义模拟引脚 0
int ledpin=13;//定义数字引脚 13
int val=0;//将定义变量 val,并赋初值 0
void setup( )
{
  pinMode(ledpin,OUTPUT);//定义数字引脚为输出引脚
  Serial. begin(9600);//设置比特率为 9600bit/s
}
void loop( )
{
  digitalWrite(ledpin,HIGH);//点亮数字引脚 13 的 LED
  delay(50);//延时 0.05s
  digitalWrite(ledpin,LOW);//熄灭数字引脚 13 的 LED
  delay(50);//延时 0.05s
  val=analogRead(potpin);//读取模拟引脚 0 的值,并将其赋给 val
  Serial. println(val);//显示出 val 的值
}

参考程序借用了 Arduino 数字引脚 13 自带的 LED 小灯,每读一次值小灯就会闪烁一下。模拟量输出结果如图 3-10 所示。

完成连线并成功运行程序后,当旋转电位计旋钮时,就可以看到屏幕上数值的变化了。

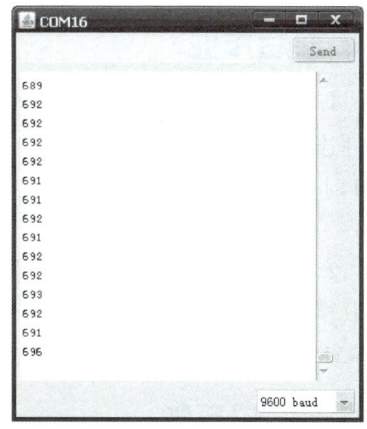

图 3-10　模拟量输出结果

任务工单页

任务准备：

模拟量读取实验器件见表3-3，旋钮电位计连线如图3-9所示。

任务实施：旋钮状态的读取

本任务要求通过 Arduino UNO 单片机模拟引脚0读取模拟量，通过串口显示旋钮旋转方向，不旋转时显示 stop。

```
参考程序：
int potpin = A0;//定义模拟引脚 0
int val = 0;//将定义变量 val,并赋初值 0
void setup( )
{
    Serial. begin(9600);//设置比特率为 9600bit/s
    val = analogRead(potpin);//读取模拟引脚 0 的值,并将其赋给 val
}
void loop( )
{
    int vel = analogRead(potpin);//读取模拟引脚 0 的值,并将其赋给 vel
    if(vel = = val)
    Serial. println("Stop");
    if(vel>val)
    Serial. println("Clockwise rotation");
    if(vel>val)
    Serial. println("Counterclockwise rotation");
    val = vel;
}
```

课后作业

1. 使用1个旋钮电位计控制3个LED灯，要求独立绘制连线图并完成硬件连接，实现读取模拟量0~124时3个LED灯全灭，读取模拟量125~450时亮1个LED灯，读取模拟量451~712时亮2个LED灯，读取模拟量713~1024时亮3个LED灯。

2. 使用1个旋钮电位计控制1个LED灯，要求独立绘制连线图并完成硬件连接，实现读取模拟量0~124时LED灯熄灭，读取模拟量125~450时LED灯亮1s、灭1s，读取模拟量451~712时LED灯亮2s、灭2s，读取模拟量713~1024时LED灯亮3s、灭3s。

旋钮状态的读取

评价与反馈

通过本任务的学习，应能实现汽车模拟量的读取。请根据实际完成情况，完成任务评价。

评价项目	评价标准	自评（30%）	互评（30%）	教师评价（40%）
基本认知	能够掌握读取模拟量的基本原理(10分)			
任务实施	能够掌握模拟量的硬件连线方法(20分)			
	能够安全规范地完成任务(10分)			
	完成任务后能整理好工位(10分)			
控制编程	编程思路、逻辑清晰(10分)			
	能够完成单片机编程指令编写，程序规范、完整，能够成功运行(15分)			
	算法优秀，或者能够通过查阅资料自学并改进自己的算法(10分)			
作业情况	能够独立完成作业中软硬件的要求(15分)			
综合评价	合计			
	总评分			
教师评语				
		签字：		日期：

学习任务9　超声波传感器的数据读取

任务描述

当前大多数汽车都使用了超声波传感器，它主要作为雷达来测距，但是超声波传感器是如何工作的呢？下面请同学们通过学习超声波传感器的基本原理、硬件连接、控制应用等知识，练习编写单片机编程指令来实现汽车超声波传感器的数据读取吧！

学习目标

素养目标：
1. 培养学生查阅资料的自学能力。
2. 培养学生的动手能力。
3. 培养学生逻辑思维和分析问题的能力。

知识目标：
1. 了解超声波传感器的基本原理。
2. 掌握超声波传感器的硬件连接。
3. 掌握超声波传感器的控制及应用。

技能目标：
1. 能够识别超声波传感器的各个引脚。
2. 能够完成单片机编程指令编写。

学习准备

工作场所：理实一体化专业教室。

在教师的引导下分组，以小组为单位学习相关知识，并回答下列问题：
1. 超声波传感器的工作原理是什么？
2. 超声波传感器有几个引脚？
3. 超声波传感器的应用有哪些？

信息收集页

1. 超声波传感器的基本原理

超声波是一种超出人类听觉极限的声波，是振动频率高于20kHz的机械波。超声波传感器在工作的时候就是将电压和超声波信号互相转换，当超声波传感器发射超声波时，超声波发射探头将电压转化的超声波发射出去，当接收超声波时，超声波接收探头将超声波转化的电压回送到单片机控制芯片。超声波具有振动频率高、波长短、绕射现象小、方向性好等优点，而且超声波传感器的能量消耗缓慢，有利于进行测距。在中、长距离测量时，超声波传感器的精度和方向性都要大大优于红外线传感器，但价格也较高。

超声波发射探头向某一方向发射超声波时，计时器开始计时，超声波在空气中传播途中碰到障碍物就立即返回来，超声波接收探头收到反射波就立即停止计时。超声波在空气中的传播速度为340m/s，根据计时器记录的时间t，就可以计算出发射点距障碍物的距离s，即$s=340\text{m/s}\times t/2$，这就是超声波时间差测距法。

2. 超声波传感器的应用

超声波传感技术应用在生产实践的不同方面，例如医学领域、工业领域和汽车领域等。

在汽车领域中，汽车上应用的超声波传感器主要实现以下功能。

1）测距：汽车上的超声波传感器通过发射高频声波并接收反射回来的声波信号，计算出与障碍物之间的距离。

超声波传感器数据的读取

2）监测盲区：车辆周围的盲区是驾驶人无法直接看到的区域，而超声波传感器可以在这些盲区内检测到物体，从而提醒驾驶人注意。

3）泊车辅助：在泊车过程中，超声波传感器（倒车雷达）可以帮助驾驶人判断车辆与障碍物的距离，避免碰撞或过度接近障碍物。

在未来的应用中，超声波技术将与信息技术、新材料技术结合起来，出现更多的智能化、高灵敏度的超声波传感器。

> **编程实例：超声波传感器数据的读取**
>
> 本实验要求利用超声波传感器进行测距并通过串口显示，超声波传感器测距实验器件见表3-4。

表 3-4 超声波传感器测距实验器件

器件	数量	器件	数量
Arduino UNO 单片机	1	面包线	4
USB 下载线	1	面包板	1
HC-SR04 超声波传感器	1		

超声波传感器硬件连线如图 3-11 所示。

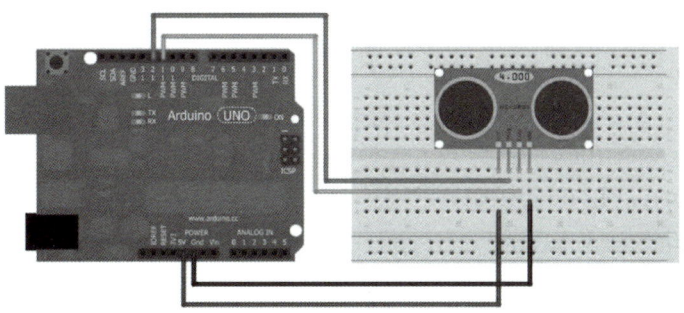

图 3-11 超声波传感器硬件连线

程序指令说明：pulseIn( ) 用于检测引脚输出的高低电平的脉冲宽度。pulseIn( ) 语法为 pulseIn(pin, value)、pulseIn(pin, value, timeout)。参数 pin：需要读取脉冲的引脚；参数 value：需要读取的脉冲类型，HIGH 或 LOW；参数 timeout：超时时间，单位为 μs，数据类型为无符号长整型。

使用方法：

1）使用 Arduino 的数字引脚给 HC-SR04 的 Trig 引脚至少 10μs 的高电平信号，触发 SR04 模块测距功能。

2）触发后，模块会自动发送 8 个 40kHz 的超声波脉冲，并自动检测是否有信号返回。这步会由模块内部自动完成。

3）若有信号返回，Echo 引脚会输出高电平，高电平持续的时间就是超声波从发射到返回的时间。此时，可以使用 pulseIn( ) 函数获取测距的结果，并计算出与被测物之间的实际距离。

功能：利用 SR04 超声波传感器进行测距，并通过串口显示测出的距离值。

下面设定超声波传感器每隔 1s 测距一次并将数据通过串口监视器显示出来，超声波传感器的 Trig 引脚接单片机 I/O 数字引脚 12，超声波传感器的 Echo 引脚接单片机 I/O 数字引脚 11。

参考程序：
//设定 HC-SR04 超声波传感器连接的 Arduino 引脚
const int TrigPin = 12;
const int EchoPin = 11;
float distance;
void setup( )

```
    //初始化串口通信及连接SR04的引脚
    {
        Serial.begin(9600);
        pinMode(TrigPin,OUTPUT);
        pinMode(EchoPin,INPUT);
        //要检测引脚上输入的脉冲宽度,需要先设置为输入状态
    }
    void loop()
    {
        //产生一个10μs的高脉冲去触发TrigPin
        digitalWrite(LedPin,HIGH);
        delayMicroseconds(2);
        digitalWrite(TrigPin,HIGH);
        delayMicroseconds(10);
        digitalWrite(TrigPin,LOW);
        //检测脉冲宽度,并计算出距离
        distance = pulseIn(EchoPin,HIGH);
        Serial.print(distance);
        Serial.print("ms");
        distance = distance/58;
        distance = (int(distance * 100.0))/100.0;//保留两位小数
        Serial.print("The distance is:");
        Serial.print(distance);
        Serial.println("cm");
        delay(1000);
    }
```

任务工单页

任务准备:

倒车雷达实验器件见表3-5。

表3-5 倒车雷达实验器件

器件	数量	器件	数量
Arduino UNO 单片机	1	220Ω 直插电阻	3
USB 下载线	1	面包板	1
HC-SR04 超声波传感器	1	面包线	9
单色 M5 直插 LED	3		

倒车雷达硬件连线如图 3-12 所示。

任务实施：倒车雷达的控制

本任务要求完成汽车倒车雷达程序，使用 Arduino UNO 单片机连接 1 个超声波传感器和 3 个 LED 小灯，使用 I/O 数字引脚 7~9 控制 3 个 LED 小灯，使用 I/O 数字引脚 2~3 分别连接超声波传感器的 Echo 和 Trig 引脚，要求测距在 10cm 内时 3 个 LED 灯全灭，测距在 11~20cm 时亮 1 个 LED 灯，测距在 21~30cm 时亮 2 个 LED 灯，测距在 31~40cm 时亮 3 个 LED 灯，超声波测距间隔为 1s。

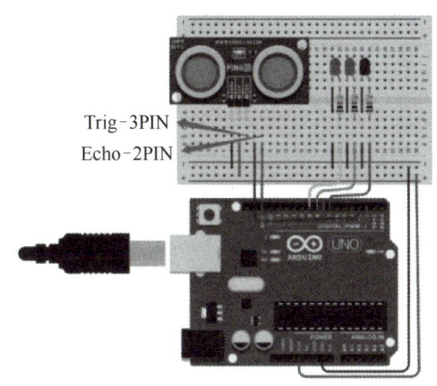

图 3-12　倒车雷达硬件连线

```
参考程序：
const int TrigPin=3;
const int EchoPin=2;
float distance;
void setup(){
    pinMode(TrigPin,OUTPUT);
    pinMode(EchoPin,INPUT);
    pinMode(TrigPin,OUTPUT);
    pinMode(7,OUTPUT);
    pinMode(8,OUTPUT);
    pinMode(9,OUTPUT);
}
void loop(){
    digitalWrite(LedPin,HIGH);
    delayMicroseconds(2);
    digitalWrite(TrigPin,HIGH);
    delayMicroseconds(10);
    digitalWrite(TrigPin,LOW);
    distance=pulseIn(EchoPin,HIGH)/58.0;
    if(distance<=10){
       digitalWrite(7,LOW);
       digitalWrite(8,LOW);
       digitalWrite(9,LOW);
    }
    if(distance>10&&distance<=20){
       digitalWrite(7,HIGH);
       digitalWrite(8,LOW);
```

```
            digitalWrite(9,LOW);
        }
        if(distance>20&&distance<=30){
            digitalWrite(7,HIGH);
            digitalWrite(8,HIGH);
            digitalWrite(9,LOW);
        }
        if(distance>30&&distance<=40){
            digitalWrite(7,HIGH);
            digitalWrite(8,HIGH);
            digitalWrite(9,HIGH);
        }
        delay(1000);
    }
```

课后作业

使用超声波传感器测距离，通过10个LED灯显示距离远近，要求独立绘制连线图并完成硬件连接，实现距离在0~5cm时LED灯全灭，之后每增加5cm多点亮一个LED灯，测距时间间隔为100ms。

倒车雷达的控制

评价与反馈

通过本任务的学习，应能实现汽车倒车雷达的控制。请根据实际完成情况，完成任务评价。

评价项目	评价标准	自评 (30%)	互评 (30%)	教师评价 (40%)
基本认知	能够掌握超声波传感器的基本原理(10分)			
任务实施	能够掌握超声波传感器的硬件连线方法(20分)			
	能够安全规范地完成任务(10分)			
	完成任务后能整理好工位(10分)			
控制编程	编程思路、逻辑清晰(10分)			
	能够完成单片机编程指令编写，程序规范、完整，能够成功运行(15分)			
	算法优秀，或者能够通过查阅资料自学并改进自己的算法(10分)			
作业情况	能够独立完成作业中软硬件的要求(15分)			
综合评价	合计			
	总评分			
教师评语				
		签字：		日期：

项目三　汽车信号系统控制

学习任务 10　振动传感器的数据读取

任务描述

当前大多数汽车上都装有各种振动传感器，用来检测振动或者碰撞等，但是这些振动传感器是如何工作的呢？下面请同学们通过学习振动传感器的基本原理、硬件连接、控制应用等知识，练习编写单片机编程指令来实现汽车振动传感器的数据读取吧！

学习目标

素养目标：
1. 培养学生查阅资料的自学能力。
2. 培养学生的动手能力。
3. 培养学生逻辑思维和分析问题的能力。
4. 培养学生的创新意识和创新思维。

知识目标：
1. 了解振动传感器的基本原理。
2. 掌握振动传感器的硬件连接。
3. 掌握振动传感器的控制及应用。

技能目标：
1. 能够识别振动传感器的引脚。
2. 能够完成单片机编程指令编写。

学习准备

工作场所：理实一体化专业教室。

在教师的引导下分组，以小组为单位学习相关知识，并回答下列问题：
1. 振动传感器的原理是什么？
2. 振动传感器如何区分正负极？
3. 振动传感器的应用有哪些？

信息收集页

1. 振动传感器的基本原理

振动传感器在测试技术中是关键部件之一，它的工作原理是将接收到的机械能转换为与之成比例的电量。由于它是一种机电转换装置，所以有时也称为换能器、拾振器等。

振动传感器的工作性能是由机械接收部分和机电变换部分的工作性能来决定的。

在工程振动测试领域中，测试手段与方法多种多样，但是按各种参数的测量方法及测量过程的物理性质来分，测量方法可以分成以下 3 类。

1）机械法。该方法是将工程振动的参量转换成机械信号，再经机械系统放大后，进行

75

测量、记录，常用的仪器有杠杆式测振仪和盖格尔测振仪。该方法能测量的频率较低，精度也较差，但在现场测试时较为简单方便。

2）光学法。该方法是将工程振动的参量转换为光学信号，经光学系统放大后显示和记录，常用的仪器有读数显微镜和激光测振仪等。

3）电测法。该方法是将工程振动的参量转换成电信号，经电子电路放大后显示和记录。电测法是目前应用得最广泛的测量方法。

上述3种测量方法的物理性质虽然各不相同，但是，组成的测量系统基本相同，它们都包含拾振、测量电路和显示记录3个环节。

1）拾振环节。拾振环节是把被测的机械振动量转换为机械信号、光学信号或电信号，完成这项转换工作的器件称为传感器。

2）测量电路环节。测量电路的种类很多，它们都是根据各种传感器的变换原理而设计的。例如，适配压电式传感器的测量电路有电压放大器、电荷放大器等。此外，测量电路还有积分电路、微分电路、滤波电路、归一化装置等。

3）显示、记录环节。从测量电路输出的电压信号，可按测量的要求输入给信号分析仪或输送给显示仪器（如电子电压表、示波器、相位计等）、记录设备（如光线示波器、磁带记录仪、X-Y记录仪等）等，也可在必要时记录在磁带上，然后再输入到信号分析仪进行各种分析处理，从而得到最终结果。

2. 振动传感器的应用

振动传感器应用的领域广泛，主要有以下领域。

（1）汽车防盗领域 在车体被外力破坏的情况下，振动传感器可以产生警报信号。如果有人击打、撞击或移动汽车，振动传感器就会向控制器发送信号，指示振动强度。

（2）城市道路维护领域 将含有振动传感器的公路检测系统加装在公交车底盘下方，可用来监测道路路况，通过BDS定位和画面传输器传输的信息来判断公路的实时路况。

（3）航天航空领域 振动是航空发动机的一项重要监控参数，发动机在进行试验时，需要解决各种振动问题。发动机振动之所以特别重要，是因为振动直接影响发动机的正常工作和使用寿命，如果发动机出现异常振动而不及时加以检查排除，就有可能造成严重的后果。因此，振动传感器在航天航空领域必不可少。

（4）生产领域 生产自动化检测中，利用振动传感器检测运输中的振动，判断是否有异常振动，避免货物掉落。

（5）消费电子领域 电子运动手表、手机中的计步器利用振动传感器输出的振动幅度判断行走路程。

振动传感器数据的读取

编程实例：振动传感器数据的读取

以倾斜开关为例，通过读取倾斜开关数据可以判断是否发生振动，当开关一端低于水平位置倾斜时，开关导通，端口电压值为5V左右（二进制表示为1023），点亮LED灯。当另一端低于水平位置倾斜时，开关断开，端口电压值为0V左右（二进制表示为0），熄灭LED灯。在程序中端口电压值的变化情况，即反馈为1（高电压）或者0（低电压），通过反馈值即可知道倾斜开关是否导通。本实验中倾斜开关导通后串口监视器反馈"Bang!"。

振动传感器实验器件见表3-6。

表3-6 振动传感器实验器件

器件	数量	器件	数量
Arduino UNO 单片机	1	面包板	1
USB 下载线	1	面包线	6
振动传感器	1		

振动传感器硬件连线如图3-13所示。

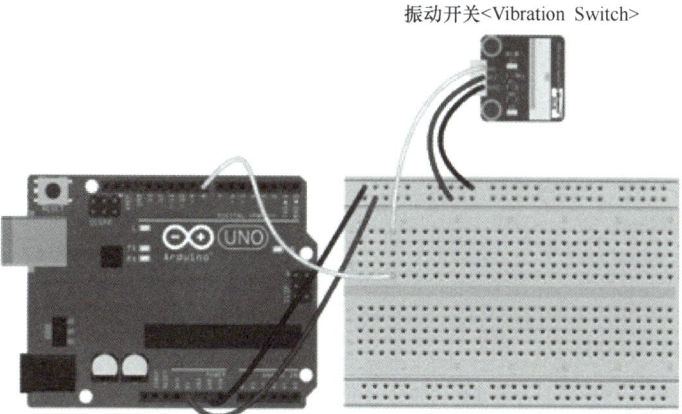

图3-13 振动传感器硬件连线

参考程序：
```
void setup( )
{
    //设置数字引脚8输入上拉读取数据
    pinMode(8,INPUT_PULLUP);
    Serial.begin(9600);
}
void loop( )
{
    int a=digitalRead(8);
    if(a= =1)
    Serial.println("Bang!");
}
```

任务工单页

任务准备：

振动传感器实验器件见表3-6。振动传感器硬件连线如图3-13所示。

振动传感器报警

任务实施：振动传感器报警

完成振动传感器数据读取，要求使用 Arduino UNO 单片机连接1个振动传感器和1个 LED 灯，使用 I/O 数字引脚2读取数据，I/O 数字引脚13控制板载 LED 灯，发生振动时 LED 灯亮1s随后熄灭。

```
参考程序：
void setup( )
{
    pinMode(2,INPUT_PULLUP);
    pinMode(13,OUTPUT);
}
void loop( )
{
    if(digitalRead(2)==1)
    {
        digitalWrite(3,HIGH);
        delay(1000);
        digitalWrite(3,LOW);
    }
}
```

课后作业

读取4个振动传感器的数据，要求通过串口显示4个传感器的状态，发生振动的传感器反馈1，没有振动的反馈0，采样间隔为10ms。

评价与反馈

通过本任务的学习，应能实现振动传感器数据的读取。请根据实际完成情况，完成任务评价。

评价项目	评价标准	自评（30%）	互评（30%）	教师评价（40%）
基本认知	能够掌握振动传感器的基本原理(10分)			
任务实施	能够掌握振动传感器的硬件连线方法(20分)			
	能够安全规范地完成任务(10分)			
	完成任务后能整理好工位(10分)			

(续)

评价项目	评价标准	自评（30%）	互评（30%）	教师评价（40%）
控制编程	编程思路、逻辑清晰（10分）			
	能够完成单片机编程指令编写，程序规范、完整，能够成功运行（15分）			
	算法优秀，或者能够通过查阅资料自学并改进自己的算法（10分）			
作业情况	能够独立完成作业中软硬件的要求（15分）			
综合评价	合计			
	总评分			
教师评语		签字：		日期：

学习任务 11　光电传感器的数据读取

任务描述

当前汽车上光电传感器的应用很多，大多数汽车都安装了光电传感器，但是这些光电传感器是如何工作的呢？下面请同学们通过学习光电传感器的基本原理、硬件连接、控制应用等知识，练习编写单片机编程指令来实现汽车光电传感器的数据读取吧！

学习目标

素养目标：
1. 培养学生查阅资料的自学能力。
2. 培养学生的动手能力。
3. 培养学生逻辑思维和分析问题的能力。

知识目标：
1. 了解光电传感器的基本原理。
2. 掌握光电传感器的硬件连接。
3. 掌握光电传感器的控制及应用。

技能目标：
1. 能够识别光电传感器的各个引脚。
2. 能够完成单片机编程指令编写。

学习准备

工作场所：理实一体化专业教室。

在教师的引导下分组，以小组为单位学习相关知识，并回答下列问题：
1. 光电传感器的工作原理是什么？
2. 光电传感器有几个引脚？
3. 光电传感器的应用有哪些？

信息收集页

1. 光电传感器的基本原理

光电传感器是利用光敏元件将光照强度信号转换为电信号的转换器件，如图3-14所示。它的敏感波长在可见光波长附近，包括红外线波长和紫外线波长。光电传感器不只局限于对光的探测，它还可以作为探测元件组成其他传感器，对许多非电量进行检测，只要将这些非电量转换为光信号的变化即可。光电传感器有很多种类，主要有光电倍增管、光敏电阻、光电晶体管、太阳能电池、红外线传感器、紫外线传感器、光纤式

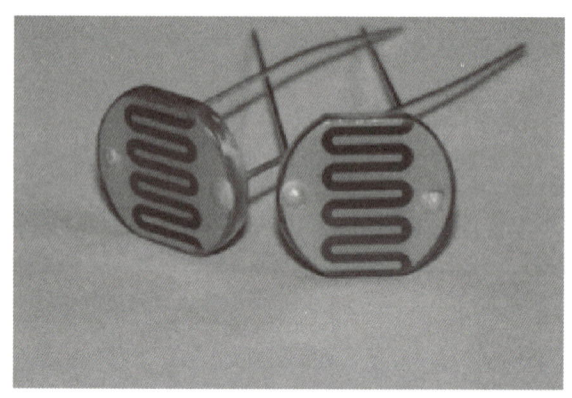

图3-14 光电传感器

光电传感器、色彩传感器、CCD图像传感器和CMOS图像传感器等。最简单的光电传感器是光敏电阻，当光子冲击其接合处就会产生电流。

光电传感器的基本原理是光电效应。光电效应是指在高于某特定频率的电磁波照射下，某些物质内部的电子会被光子激发出来而形成电流，即光生电。光电效应根据光电产生的位置是物体表面还是内部分为外光电效应和内光电效应。

2. 光电传感器的应用

光电传感器在汽车中的应用非常广泛，主要涉及自动前照灯控制、空调系统调节、安全系统、控制系统以及驾驶辅助系统等方面。

光电传感器通过感知外界光线的变化，能自动控制前照灯的开启和关闭。当外部环境光线变暗时，光电传感器会检测到这一变化，并将信号反馈给车辆的ECU，从而自动点亮前照灯，提高行车安全性。反之，当外部环境光线充足时，光电传感器会关闭前照灯，以节省能源并提高能见度。

光电传感器还能影响汽车的空调系统。通过检测日照量的变化，光电传感器可以调节空调系统的温度和风量，确保车内环境始终保持舒适。这种功能尤其在自动空调系统中更为常见，它根据外界光照条件调整车内温度和通风，提升乘坐舒适度。

在汽车的安全系统中，光电传感器也发挥着重要作用。例如，自动驾驶辅助系统和智能制动系统通过光电传感器感知周围环境，包括道路、车辆、行人等，实现自动驾驶或半自动驾驶功能，以及在紧急情况下实现自动紧急制动，避免事故发生。

光电传感器还应用于汽车的发动机控制系统和变速器控制系统中，用于检测发动机转速和车速，实现如ABS、ESP系统、ACC系统等功能的精确控制。这些系统通过对车辆速度、方向、距离等参数的测量，实现对车辆的智能化控制。

在驾驶辅助系统中，光电传感器用于检测车道线，实现自适应巡航控制和车道保持辅助

等功能。这些功能通过感知周围环境的亮度，自动调节车灯的亮度和开关，提高驾驶安全性和舒适性。

光电传感器在汽车中的应用不仅提升了驾驶的便捷性和舒适性，还增强了汽车的安全性能，是现代汽车不可或缺的部件之一。

编程实例：光电传感器数据的读取

利用光敏电阻的阻值随光电强度变化而变化的特性，可以在亮度控制电路中串联一个光敏电阻构成串联分压电路，实现在光敏电阻上随电阻变化读取不同的电压值。光敏传感器实验器件见表3-7。

光电传感器数据的读取

表 3-7 光电传感器实验器件

器件	数量
Arduino UNO 单片机	1
USB 下载线	1
光电传感器	1
220Ω 直插电阻	1
面包板	1
面包线	12

光电传感器连线如图3-15所示。

图 3-15 光电传感器连线

每隔1s通过单片机模拟引脚A0读取光电传感器的值，并通过串口监视器显示出来。

参考程序：
```
int GPin = A0;
void setup( ){
    Serial.begin(9600);
}
void loop( ){
    int Value = analogRead(GPin);
    Serial.print("light Value = :");
    Serial.println(Value);//输出光敏电阻读取的数据
    delay(1000);
}
```

汽车单片机技术

任务工单页

任务准备：

光电传感器实验器件见表 3-8。

表 3-8 光电传感器实验器件

器件	数量	器件	数量
Arduino UNO 单片机	1	220Ω 直插电阻	2
USB 下载线	1	面包板	1
光电传感器	1	面包线	12
单色 M5 直插 LED	1		

光电传感器硬件连线如图 3-16 所示。

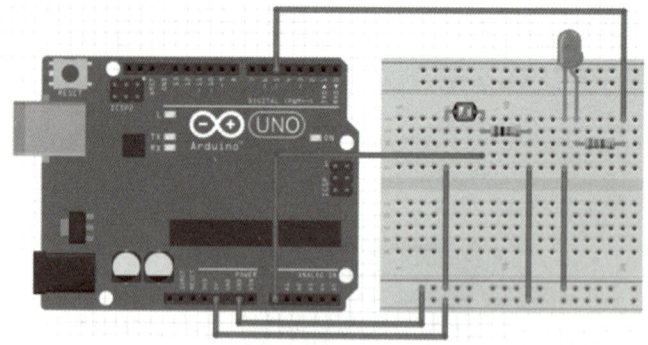

图 3-16 光电传感器硬件连线

光电传感器对
LED灯的控制

任务实施：光电传感器对 LED 灯的控制

完成光电传感器对 LED 灯的控制，要求使用 Arduino UNO 单片机连接由 1 个光电传感器和 1 个 LED 灯，要求通过读取光电传感器的数值控制 LED 的亮度并通过串口显示数据。

```
参考程序：
int GPin = A0;
int ledPin = 5;
int Value;
int light_Value;
int Value_max;
int led_Value;
void setup( )
{
    Serial. begin(9600);
    Value = 0;
```

```
        Value_max = 580;//光敏电阻最大读取值,实验时,以实际读数为准
        led_Value = 0;
    }
    void loop( )
    {
        light_Value = analogRead(GPin);
        Serial.print("Light Value = ");
        Serial.println(Value);//将读取的值输出到监视器
        led_Value = map(Value,0,Value_max,0,255);
        Serial.println(light_Value);//将读取值映射后输出到监视器
        analogWrite(ledPin,led_Value);//输出光敏电阻读取的数据
        delay(1000);
    }
```

课后作业

使用一个光电传感器控制 1 个 LED 灯，要求独立绘制连线图并完成硬件连接，实现从光电传感器读取数据超过 300 时 LED 灯点亮，低于 300 时 LED 灯熄灭。

评价与反馈

通过本任务的学习，应能实现汽车光电传感器数据的读取。请根据实际完成情况，完成任务评价。

评价项目	评价标准	自评(30%)	互评(30%)	教师评价(40%)
基本认知	能够掌握光电传感器的基本原理(10分)			
任务实施	能够掌握光电传感器的硬件连线方法(20分)			
	能够安全规范地完成任务(10分)			
	完成任务后能整理好工位(10分)			
控制编程	编程思路、逻辑清晰(10分)			
	能够完成单片机编程指令编写,程序规范、完整,能够成功运行(15分)			
	算法优秀,或者能够通过查阅资料自学并改进自己的算法(10分)			
作业情况	能够独立完成作业中软硬件的要求(15分)			
综合评价	合计			
	总评分			
教师评语	签字：　　　　　　　　　　日期：			

汽车单片机技术

学习任务 12　温度传感器的数据读取

任务描述

当前汽车上温度传感器的应用非常多，但是这些温度传感器是如何读取数据的呢？下面请同学们通过学习温度传感器的基本原理、硬件连接、控制应用等知识，练习编写单片机编程指令来实现汽车温度传感器的数据读取吧！

学习目标

素养目标：
1. 培养学生查阅资料的自学能力。
2. 培养学生的动手能力。
3. 培养学生逻辑思维和分析问题的能力。

知识目标：
1. 了解温度传感器的基本原理。
2. 掌握温度传感器的硬件连接。
3. 掌握温度传感器的控制及应用。

技能目标：
1. 能够识别温度传感器的各个引脚。
2. 能够完成单片机编程指令编写。

学习准备

工作场所：理实一体化专业教室。
在教师的引导下分组，以小组为单位学习相关知识，并回答下列问题：
1. 温度传感器的工作原理是什么？
2. 温度传感器如何使用？
3. 温度传感器的应用有哪些？

信息收集页

1. 温度传感器的基本原理

温度传感器是一种用于测量环境或物体温度的设备，它可以将温度信息转化为电信号或数字信号。目前有多种不同类型的温度传感器，每种传感器都有其自己的原理和工作方式。以下是一些常见的温度传感器类型及其原理。

1）热电偶（Thermocouple）：热电偶是基于热电效应的温度传感器。它由两种不同材料的导线连接在一起，当两个导线的连接点受到温度变化影响时，会产生电压。这个电压与温度之间存在线性关系，因此可以通过测量电压来确定温度。

2）电阻温度探头（Resistance Temperature Detector，RTD）：通常，RTD 使用铂作为电

阻材料，随着温度的变化，铂电阻的电阻值会发生变化，这个变化与温度之间有已知的线性关系。通过测量电阻值的变化，可以计算出温度。

3）热敏电阻：热敏电阻是一种电阻随温度变化而快速变化的材料。通常，它们分为正温度系数（PTC）和负温度系数（NTC）两种类型。热敏电阻的电阻值与温度之间的关系是非线性的，但可以通过特定的标定曲线来将电阻值转化为温度值。

4）红外线传感器：红外线传感器使用物体辐射的红外辐射来测量其温度。每个物体都会以一定的温度辐射红外线，传感器可以捕捉这些辐射并将其转化为温度读数。

5）热电阻阵列：热电阻阵列是一种将多个热敏电阻排列在一起的传感器，用于测量不同位置的温度。通过比较不同位置的电阻值，可以确定不同点的温度分布。

2. 温度传感器的应用

温度传感器在汽车行业中有广泛的应用，可于监测和控制车辆的各个方面。以下是在汽车中常见的温度传感器应用：

1）发动机温度监测：温度传感器用于监测发动机的冷却液温度。这有助于确保发动机在适宜的工作温度范围内运行，防止过热或过冷，从而提高燃油效率和延长发动机使用寿命。

2）排气温度监测：在柴油发动机和涡轮增压器上，温度传感器用于监测排气温度。这有助于调整燃料供应，提高燃烧效率，降低排放，同时防止排气温度过高，损害排气系统。

3）空调系统控制：温度传感器用于监测车内温度，以帮助自动空调系统调整风扇速度、制冷剂循环和温度设置，以提供舒适的驾驶环境。

4）冷却风扇控制：温度传感器可以监测发动机温度和散热器温度，以自动控制冷却风扇的启停，以确保发动机在高温环境下保持正常工作温度。

5）制动系统：温度传感器用于监测制动系统的温度，特别是制动盘和制动片的温度。这可以帮助避免制动系统过热，并提高制动性能。

6）变速器和润滑油温度监测：温度传感器用于监测变速器和发动机润滑油的温度，以确保润滑油在适宜的温度范围内工作，从而减少磨损和延长零件使用寿命。

7）环境监测：温度传感器也可以用于监测车辆周围的环境温度，以帮助驾驶人做出更好的驾驶决策，如起动加热器或空调。

温度传感器的应用有助于确保车辆的性能、安全性和舒适性，同时也有助于减少对环境的影响。温度传感器在现代汽车中扮演着关键的角色，使车辆更智能、高效和可靠。

编程实例：温度传感器数据的读取

LM35是很常用且易用的温度传感器元件，在元器件的应用上只利用一个模拟引脚即可，在算法上可将读取的模拟值转换为实际的温度。温度传感器实验器件见表3-9。

按照图3-17所示连接电路。

温度传感器数据的读取

表3-9 温度传感器实验器件

器件	数量
Arduino UNO 单片机	1
USB 下载线	1

(续)

器件	数量
LM35 温度传感器	1
面包板	1
面包线	5

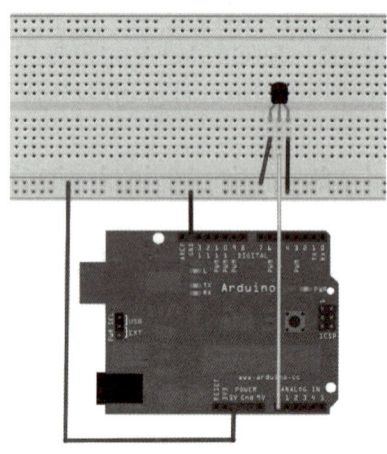

图 3-17　LM35 温度传感器连线

参考程序：
int potPin＝0;//定义模拟引脚 0 连接 LM35 温度传感器
void setup( )
{
　　Serial.begin(9600);//设置比特率
}
void loop( )
{
　　int val;//定义变量
　　int dat;//定义变量
　　val＝analogRead(0);//读取传感器的模拟值并赋值给 val
　　dat＝(125 * val)>>8;//温度计算公式
　　Serial.print("Tep:");//原样输出显示 Tep 字符串代表温度
　　Serial.print(dat);//输出显示 dat 的值
　　Serial.println("C");//原样输出显示 C 字符串
　　delay(500);//延时 0.5s
}

下载完程序打开监视窗就可以看见当前的温度了，反馈温度值如图 3-18 所示。

图 3-18　反馈温度值

任务工单页

任务准备：

温度传感器实验器件见表 3-9，连线如图 3-17 所示。

任务实施：温度传感器对 LED 灯的控制

完成温度传感器的数据读取，要求使用 Arduino UNO 单片机连接由 1 个 LM35 温度传感器，使用 I/O 数字引脚 13 板载 LED 灯，当温度达到 40℃ 以上时，LED 灯亮 0.5s 灭 0.5s，当温度低于 40℃ 时 LED 灯熄灭。

温度传感器对 LED灯的控制

参考程序：
```
int potPin = 0;
void setup( )
{
    pinMode(13,OUTPUT);
}
void loop( )
{
    int val;//定义变量
    int dat;//定义变量
    val = analogRead(0);
    dat = (125 * val) >> 8;
    if(dat >= 40)
    {
        digitalWrite(13,HIGH);
        delay(500);
```

87

```
            digitalWrite(13,LOW);
            delay(500);
        }
    }
```

📖 课后作业

读取 1 个 LM35 温度传感器的数值，控制 3 个 LED 灯，要求独立绘制连线图并完成硬件连接，实现温度在 10℃ 以内时 3 个 LED 灯都不亮，温度在 11~20℃ 时亮 1 个 LED 灯，温度在 21~30℃ 时亮 2 个 LED 灯，温度在 31~40℃ 时亮 3 个 LED 灯。

📖 评价与反馈

通过本任务的学习，应能实现汽车温度传感器数据的读取。请根据实际完成情况，完成任务评价。

评价项目	评价标准	自评(30%)	互评(30%)	教师评价(40%)
基本认知	能够掌握温度传感器的基本原理(10 分)			
任务实施	能够掌握温度传感器的硬件连线方法(20 分)			
	能够安全规范地完成任务(10 分)			
	完成任务后能整理好工位(10 分)			
控制编程	编程思路、逻辑清晰(10 分)			
	能够完成单片机编程指令编写，程序规范、完整，能够成功运行(15 分)			
	算法优秀，或者能够通过查阅资料自学并改进自己的算法(10 分)			
作业情况	能够独立完成作业中软硬件的要求(15 分)			
综合评价	合计			
	总评分			
教师评语				
		签字：	日期：	

📖 知识拓展

根据国务院国有资产监督管理委员会 2024 年 6 月 12 日消息，由我国牵头的 3 项汽车雷达领域国际标准全部获批立项，这标志着我国在汽车雷达领域的国际标准化工作中取得了重要突破。同时，汽车感知传感器工作组获批成立，由中国汽车技术研究中心有限公司专家当选工作组召集人，中汽中心承担工作组秘书处工作。

  我国牵头立项的汽车雷达国际标准，不仅填补了国际标准化组织在汽车感知传感器领域的标准空白，更为智能网联汽车技术发展提供了重要基础性标准支撑，有力推动了汽车感知传感器尤其是雷达系统的技术进步，对提升道路交通安全、驾驶辅助功能及自动驾驶技术水平提供了有力保障。

  汽车雷达是一种重要的汽车感知传感器，主要包括激光雷达、毫米波雷达等形式，可用于实时监测车辆周围的环境，提供交通状况、行人、其他车辆等信息，以便驾驶人或自动驾驶系统能够及时做出正确的驾驶决策，降低交通事故发生的风险。近年来，随着汽车智能化、网联化的加速演进，以激光雷达、毫米波雷达为代表的汽车感知传感器发挥着重要的作用，其性能及标准日益受到市场与行业的重视。

项目四

汽车信息反馈系统控制

学习任务13 汽车 LED 数码管的控制

任务描述

LED 数码管在汽车上的应用很多，它可以用来显示车速、距离和时间等，但是这些数码管是如何控制的呢？下面请同学们通过学习 LED 数码管的基本原理、硬件连接、控制应用等知识，练习编写单片机编程指令来实现对汽车 LED 数码管的控制吧！

学习目标

素养目标：
1. 培养学生查阅资料的自学能力。
2. 培养学生的动手能力。
3. 培养学生逻辑思维和分析问题的能力。
4. 培养学生环保意识。

知识目标：
1. 了解 LED 数码管的基本原理。
2. 掌握 LED 数码管的硬件连接。
3. 掌握 LED 数码管的控制及应用。

技能目标：
1. 能够识别 LED 数码管的各个引脚。
2. 能够完成单片机编程指令编写。

学习准备

工作场所：理实一体化专业教室。
在教师的引导下分组，以小组为单位学习相关知识，并回答下列问题：
1. LED 数码管的显示原理是什么？
2. LED 数码管如何区分各个引脚？
3. LED 数码管的应用有哪些？

信息收集页

1. LED 数码管的基本原理

LED 数码管（LED Segment Display）是由多个发光二极管封装在一起组成的"8"字形器件，其引线已在内部连接完成。1 位 LED 数码管常用段数一般为 7 段，有的另加一个小数点，LED 数码管常用的位数有 1、2、3、4、5、6、8、10 位等，颜色有红、绿、蓝、黄等。LED 数码管如图 4-1 所示。

LED 数码管可以是共阳极或共阴极的。在共阳极数码管中，所有的阳极连接在一起，而在共阴极数码管中，所有的阴极连接在一起。这意味着在驱动它们时需要不同的电极极性。为了显示数字或字符，LED 数码管需要一个驱动电路。这个电路通常包括数字信号输入、极性控制（共阳极或共阴极）、电流控制等元件。每个数字或字符的显示需要设置相应的 LED 段，通过控制相应的极性和 LED 段，可以形成所需的数字或字符。通过调整电流的大小，可以控制 LED 数码管的亮度。通常，较高的电流会使 LED 更亮，而较低的电流则会使其变暗。LED 数码管基于 LED 技术，通过控制 LED 段的亮灭来显示数字和字符。它们广泛应用于数字显示器、计数器、时钟、温度计等各种仪表和设备中，以提供可视化的数字信息。

1位数码管

3位数码管

2位数码管　　4位数码管

图 4-1　LED 数码管

2. LED 数码管的应用

LED 数码管广泛用于仪表、时钟、车站、家电等场合。选用时要注意产品尺寸颜色、功耗、亮度、波长等。LED 数码管通过对其不同的引脚输入适当的电流，使其发亮，从而显示时间、日期、温度等所有可用数字表示的参数。由于它的价格便宜，使用简单，在电器特别是家电领域应用极为广泛，如空调、热水器、冰箱等。LED 数码管的应用如图 4-2 所示。

LED 数码管在汽车中用一种可靠且直观的方式来提供给驾驶人和乘客有关车辆性能和状态的重要信息，有助于提高汽车行驶的安全性和便利性。汽车的仪表板通常包括各个仪表的 LED 数码管，分别用于显示车速、发动机转速、燃油油量、发动机温度、外部温度或空调系统的设定温度、时间和日期等信息。

图 4-2　LED 数码管的应用

编程实例：LED 数码管的控制

1) 一位数码管按发光二极管单元连接方式可分为共阳极数码管和共阴极数码管，如图 4-3 所示。共阳极数码管是指将所有发光二极管的阳极接到一起形成公共阳极（COM）的数码管，共阳极数码管在应用时应将公共极 COM 接到 VCC 上，当某一字段发光二极管的阴极为低电平时，相应字段就点亮，当某一字段的阴极为高电平时，相应字段就不亮。共阴极

一位数码管的控制

数码管是指将所有发光二极管的阴极接到一起形成公共阴极（COM）的数码管，共阴极数码管在应用时应将公共极 COM 接到地线 GND 上，当某一字段发光二极管的阳极为高电平时，相应字段就点亮，当某一字段的阳极为低电平时，相应字段就不亮。

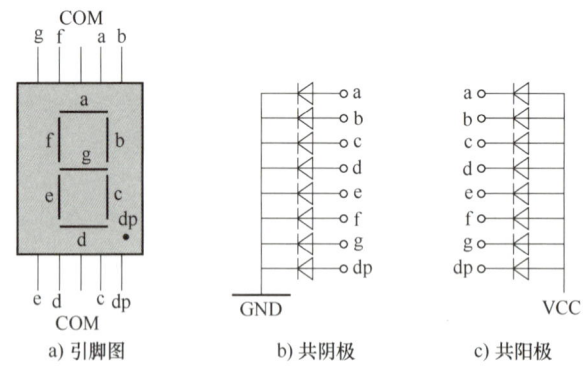

图 4-3　共阴极和共阳极 LED 数码管

本次实验用的是共阴极数码管，LED 数码管实验器件见表 4-1。

表 4-1　LED 数码管实验器件

器件	数量	器件	数量
Arduino UNO 单片机	1	220Ω 直插电阻	8
USB 下载线	1	面包板	1
一位数码管	1	面包线	12

参考图 4-4 连接好电路。数码管共有 7 段显示数字的段，还有一个显示小数点的段。当让数码管显示数字时，只要将相应的段点亮即可。例如：让数码管显示数字 1，则将 b、c 段点亮即可。将每个数字写成一个子程序。在主程序中每隔 1s 显示一个数字，让数码

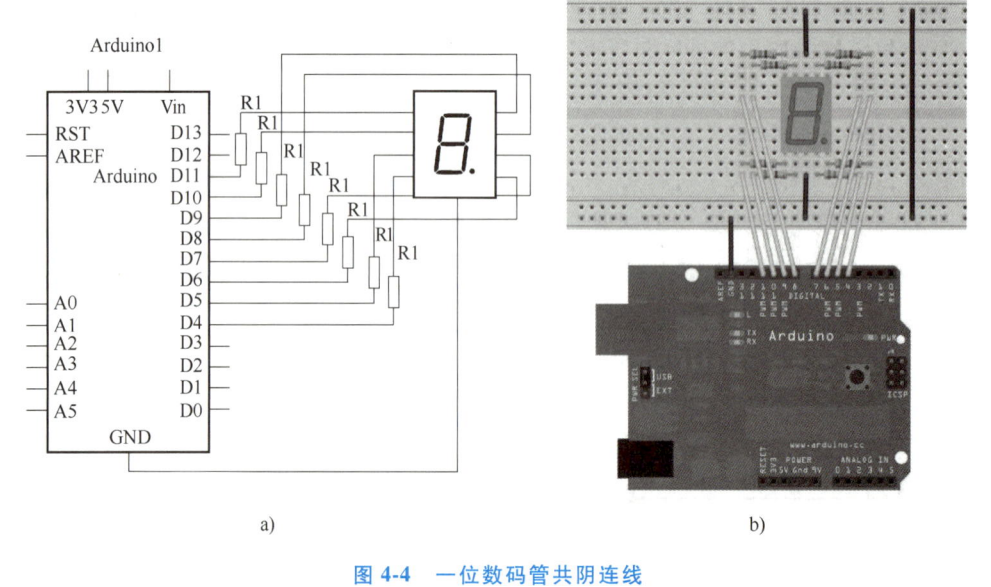

图 4-4　一位数码管共阴连线

管循环显示数字 1~9。每一个数字显示的时间由延时时间来决定，时间设置长，显示的时间就长，时间设置短，显示的时间就短。控制程序在 setup( ) 前面定义了一系列的数字显示子程序，这些子程序的定义可以方便在 loop( ) 中使用，使用时只需将子程序的名写上即可，程序定义参考如图 4-5 所示。

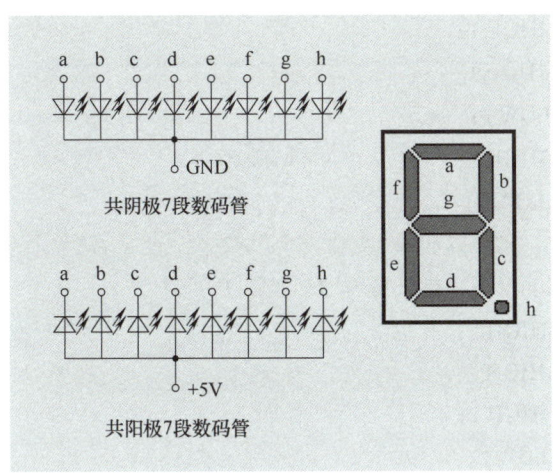

图 4-5　程序定义参考

参考程序：
//设置控制各段的数字 I/O 引脚
int a=7;//定义数字引脚 7 连接 a 段数码管
int b=6;//定义数字引脚 6 连接 b 段数码管
int c=5;//定义数字引脚 5 连接 c 段数码管
int d=11;//定义数字引脚 11 连接 d 段数码管
int e=10;//定义数字引脚 10 连接 e 段数码管
int f=8;//定义数字引脚 8 连接 f 段数码管
int g=9;//定义数字引脚 9 连接 g 段数码管
int h=4;//定义数字引脚 4 连接 h 段数码管
void digital_1(void){   //显示数字 1
　digitalWrite(a,LOW);
　digitalWrite(b,HIGH);
　digitalWrite(c,HIGH);
　digitalWrite(e,LOW);
　digitalWrite(d,LOW);
　digitalWrite(f,LOW);
　digitalWrite(g,LOW);
　digitalWrite(h,LOW);
　}

```
void digital_2(void){    //显示数字2
  digitalWrite(a,HIGH);
  digitalWrite(b,HIGH);
  digitalWrite(c,LOW);
  digitalWrite(e,HIGH);
  digitalWrite(d,HIGH);
  digitalWrite(f,LOW);
  digitalWrite(g,HIGH);
  digitalWrite(h,LOW);
}
void digital_3(void){    //显示数字3
  digitalWrite(a,HIGH);
  digitalWrite(b,HIGH);
  digitalWrite(c,HIGH);
  digitalWrite(e,LOW);
  digitalWrite(d,HIGH);
  digitalWrite(f,LOW);
  digitalWrite(g,HIGH);
  digitalWrite(h,LOW);
}
void digital_4(void){    //显示数字4
  digitalWrite(c,HIGH);
  digitalWrite(b,HIGH);
  digitalWrite(f,HIGH);
  digitalWrite(g,HIGH);
  digitalWrite(h,LOW);
  digitalWrite(a,LOW);
  digitalWrite(e,LOW);
  digitalWrite(d,LOW);
}
void digital_5(void){    //显示数字5
  digitalWrite(a,HIGH);
  digitalWrite(b,LOW);
  digitalWrite(c,HIGH);
  digitalWrite(d,HIGH);
  digitalWrite(e,LOW);
  digitalWrite(f,HIGH);
```

```
        digitalWrite(g,HIGH);
        digitalWrite(h,LOW);
    }
    void digital_6(void){    //显示数字6
        digitalWrite(a,HIGH);
        digitalWrite(f,HIGH);
        digitalWrite(g,HIGH);
        digitalWrite(c,HIGH);
        digitalWrite(d,HIGH);
        digitalWrite(h,LOW);
        digitalWrite(b,LOW);
        digitalWrite(e,HIGH);
    }
    void digital_7(void){    //显示数字7
        digitalWrite(a,HIGH);
        digitalWrite(f,LOW);
        digitalWrite(g,LOW);
        digitalWrite(c,HIGH);
        digitalWrite(d,LOW);
        digitalWrite(h,LOW);
        digitalWrite(b,HIGH);
        digitalWrite(e,LOW);
    }
    void digital_8(void){    //显示数字8
        digitalWrite(a,HIGH);
        digitalWrite(f,HIGH);
        digitalWrite(g,HIGH);
        digitalWrite(c,HIGH);
        digitalWrite(d,HIGH);
        digitalWrite(h,LOW);
        digitalWrite(b,HIGH);
        digitalWrite(e,HIGH);
    }
    void digital_9(void){    //显示数字9
        digitalWrite(a,HIGH);
        digitalWrite(f,HIGH);
        digitalWrite(g,HIGH);
        digitalWrite(c,HIGH);
```

```
      digitalWrite(d,HIGH);
      digitalWrite(h,LOW);
      digitalWrite(b,HIGH);
      digitalWrite(e,LOW);
  }
  void setup(){
     int i;//定义变量
     for(i=4;i<=11;i++)
     pinMode(i,OUTPUT);//设置引脚4~11为输出模式
  }
  void loop(){
    while(1)
    {
        digital_1();//显示数字1
        delay(1000);//延时1s
        digital_2();//显示数字2
        delay(1000);//延时1s
        digital_3();//显示数字3
        delay(1000);//延时1s
        digital_4();//显示数字4
        delay(1000);//延时1s
        digital_5();//显示数字5
        delay(1000);//延时1s
        digital_6();//显示数字6
        delay(1000);//延时1s
        digital_7();//显示数字7
        delay(1000);//延时1s
        digital_8();//显示数字8
        delay(1000);//延时1s
        digital_9();//显示数字9
        delay(1000);//延时1s
    }
  }
```

2）四位数码管实验使用的是Arduino UNO驱动一块四位共阳极数码管,四位共阳极数码管如图4-6所示。四位数码管的8个显示引脚是对应连在一起的,每一位的公共极单独引出来。数码限流电阻有两种接法,一种是在d1~d4阳极接4个引脚,这种接法好处是需求电阻比较少,但是这样每一位上显示不同数字时亮度会不一样,1最亮,8最暗;另外一种接法是在其他8个引脚上接,这种接法亮度显示均匀,但是用电阻较多。本次实验使用8个220Ω电阻。

图 4-6 四位共阳极数码管

四位数码管共有 12 个引脚，引脚号顺序为逆时针旋转，四位共阴极数码管引脚实物图如图 4-7 所示。

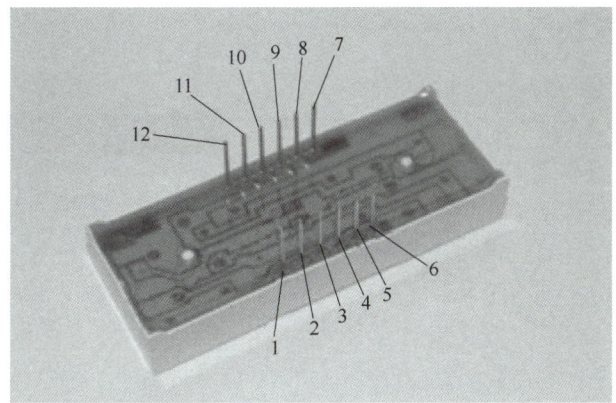

图 4-7 四位共阴极数码管引脚实物图

四位数码管实验器件见表 4-2。

表 4-2 四位数码管实验器件

器件	数量
Arduino UNO 单片机	1
USB 下载线	1
四位数码管	1
220Ω 直插电阻	8
面包板	1
面包线	12

请按图 4-8 连接硬件。

四位共阳极数码管的显示基本原理是依次显示四位数字，显示哪位数字就使哪位的公共极为高电压，其余三位的公共极为低电压。当四位数字的刷新率达到一定速度时，利用人眼视觉暂留现象，就产生了四位数字一起亮的效果。将计数器程序编译下载到单片机中，即可实现四位数码管每秒显示的计数增加 1。

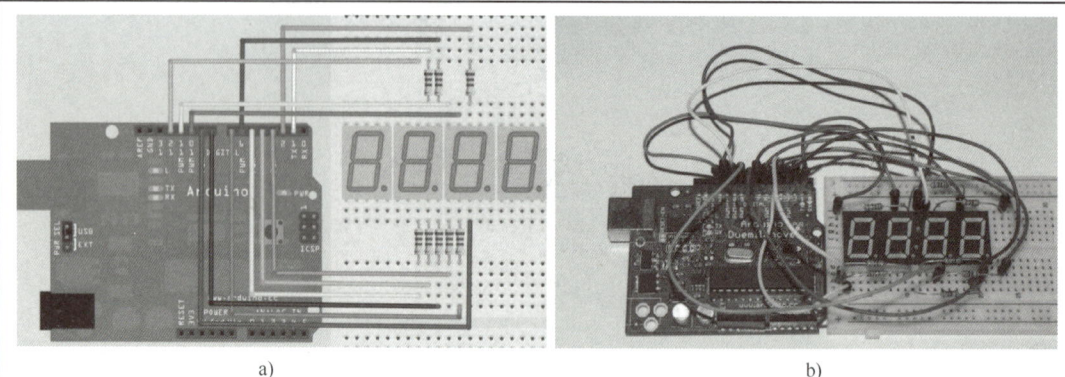

a)　　　　　　　　　　　　　　　b)

图 4-8　四位共阳极数码管的连线图

参考程序：
//设置阴极引脚
int a = 1；
int b = 2；
int c = 3；
int d = 4；
int e = 5；
int f = 6；
int g = 7；
int p = 8；
//设置阳极引脚
int d4 = 9；
int d3 = 10；
int d2 = 11；
int d1 = 12；
//设置变量
int x = 100；
int del = 5；　　//此处数值对时钟进行微调
int n；
void setup( ) {
　　pinMode(d1,OUTPUT)；
　　pinMode(d2,OUTPUT)；
　　pinMode(d3,OUTPUT)；
　　pinMode(d4,OUTPUT)；
　　pinMode(a,OUTPUT)；
　　pinMode(b,OUTPUT)；
　　pinMode(c,OUTPUT)；

```
    pinMode(d,OUTPUT);
    pinMode(e,OUTPUT);
    pinMode(f,OUTPUT);
    pinMode(g,OUTPUT);
    pinMode(p,OUTPUT);
    n=0;
}
void loop(){
    for(int m=1;m<=50;m++)
    //四位数码管依次显示,每位延时 5ms,循环 50 次,用时 1s
    {
        clearLEDs();//清除数字
        pickDigit(1);//选取千位显示数字
        pickNumber((n/x/1000)%10);//% 为求余数运算,确定千位的数字
        delayMicroseconds(del);//延时 5ms
        clearLEDs();//清除数字
        pickDigit(2);//选取百位显示数字
        pickNumber((n/x/100)%10);//% 为求余数运算,确定百位的数字
        delayMicroseconds(del);//延时 5ms
        clearLEDs();//清除数字
        pickDigit(3);//选取十位显示数字
        pickNumber((n/x/10)%10);//% 为求余数运算,确定十位的数字
        delayMicroseconds(del);//延时 5ms
        clearLEDs();//清除数字
        pickDigit(4);//选取个位显示数字
        dispDec(4);//显示个位后的小数点
        pickNumber(n/x%10);//% 为求余数运算,确定个位的数字
        delayMicroseconds(del);//延时 5ms
    }
    n++;
    if(n>=10000)
    n=0;
}
void pickDigit(int x)    //定义 pickDigit(x),其作用是开启 dx 引脚
{
    digitalWrite(d1,LOW);
    digitalWrite(d2,LOW);
    digitalWrite(d3,LOW);
```

```
        digitalWrite(d4,LOW);
      switch(x){
        case 1:
          digitalWrite(d1,HIGH);
          break;
        case 2:
          digitalWrite(d2,HIGH);
          break;
        case 3:
          digitalWrite(d3,HIGH);
          break;
        default:
          digitalWrite(d4,HIGH);
          break;
      }
    }
    void pickNumber(int x)    //定义 pickNumber(x),其作用是显示数字 x
    {
      switch(x){
        default:
          zero();
          break;
        case 1:
          one();
          break;
        case 2:
          two();
          break;
        case 3:
          three();
          break;
        case 4:
          four();
          break;
        case 5:
          five();
          break;
        case 6:
```

```
              six( );
              break;
          case 7:
              seven( );
              break;
          case 8:
              eight( );
              break;
          case 9:
              nine( );
              break;
      }
  }
  void dispDec(int x){   //设定开启小数点
      digitalWrite(p,LOW);
  }
  void clearLEDs( ){   //清屏
      digitalWrite(a,HIGH);
      digitalWrite(b,HIGH);
      digitalWrite(c,HIGH);
      digitalWrite(d,HIGH);
      digitalWrite(e,HIGH);
      digitalWrite(f,HIGH);
      digitalWrite(g,HIGH);
      digitalWrite(p,HIGH);
  }
  void zero( ){   //定义数字 0 时阴极引脚开关
      digitalWrite(a,LOW);
      digitalWrite(b,LOW);
      digitalWrite(c,LOW);
      digitalWrite(d,LOW);
      digitalWrite(e,LOW);
      digitalWrite(f,LOW);
      digitalWrite(g,HIGH);
  }
  void one( ){   //定义数字 1 时阴极引脚开关
      digitalWrite(a,HIGH);
      digitalWrite(b,LOW);
```

```
    digitalWrite(c,LOW);
    digitalWrite(d,HIGH);
    digitalWrite(e,HIGH);
    digitalWrite(f,HIGH);
    digitalWrite(g,HIGH);
}
void two( ){    //定义数字 2 时阴极引脚开关
    digitalWrite(a,LOW);
    digitalWrite(b,LOW);
    digitalWrite(c,HIGH);
    digitalWrite(d,LOW);
    digitalWrite(e,LOW);
    digitalWrite(f,HIGH);
    digitalWrite(g,LOW);
}
void three( ){    //定义数字 3 时阴极引脚开关
    digitalWrite(a,LOW);
    digitalWrite(b,LOW);
    digitalWrite(c,LOW);
    digitalWrite(d,LOW);
    digitalWrite(e,HIGH);
    digitalWrite(f,HIGH);
    digitalWrite(g,LOW);
}
void four( ){    //定义数字 4 时阴极引脚开关
    digitalWrite(a,HIGH);
    digitalWrite(b,LOW);
    digitalWrite(c,LOW);
    digitalWrite(d,HIGH);
    digitalWrite(e,HIGH);
    digitalWrite(f,LOW);
    digitalWrite(g,LOW);
}
void five( ){    //定义数字 5 时阴极引脚开关
    digitalWrite(a,LOW);
    digitalWrite(b,HIGH);
    digitalWrite(c,LOW);
    digitalWrite(d,LOW);
```

```
    digitalWrite(e,HIGH);
    digitalWrite(f,LOW);
    digitalWrite(g,LOW);
}
void six(){    //定义数字6时阴极引脚开关
    digitalWrite(a,LOW);
    digitalWrite(b,HIGH);
    digitalWrite(c,LOW);
    digitalWrite(d,LOW);
    digitalWrite(e,LOW);
    digitalWrite(f,LOW);
    digitalWrite(g,LOW);
}
void seven(){    //定义数字7时阴极引脚开关
    digitalWrite(a,LOW);
    digitalWrite(b,LOW);
    digitalWrite(c,LOW);
    digitalWrite(d,HIGH);
    digitalWrite(e,HIGH);
    digitalWrite(f,HIGH);
    digitalWrite(g,HIGH);
}
void eight(){    //定义数字8时阴极引脚开关
    digitalWrite(a,LOW);
    digitalWrite(b,LOW);
    digitalWrite(c,LOW);
    digitalWrite(d,LOW);
    digitalWrite(e,LOW);
    digitalWrite(f,LOW);
    digitalWrite(g,LOW);
}
void nine(){    //定义数字9时阴极引脚开关
    digitalWrite(a,LOW);
    digitalWrite(b,LOW);
    digitalWrite(c,LOW);
    digitalWrite(d,LOW);
    digitalWrite(e,HIGH);
```

```
    digitalWrite(f,LOW);
    digitalWrite(g,LOW);
  }
```

任务工单页

任务准备：

四位数码管实验器件见表4-2，硬件连接见图4-8。

任务实施：车载电子表的制作

完成汽车四位数码管的控制，要求使用Arduino UNO单片机连接一个四位共阳极数码管，实现电子表功能，使用数字I/O引脚1~12（每位数字刷新延时5ms）。

四位数码管的控制

参考程序：
```
//设置阴极引脚
int a=1;
int b=2;
int c=3;
int d=4;
int e=5;
int f=6;
int g=7;
int p=8;
//设置阳极引脚
int d4=9;
int d3=10;
int d2=11;
int d1=12;
//设置变量
int del=5;    //此处数值对时钟进行微调
int M;
int H;
void setup(){
  pinMode(d1,OUTPUT);
  pinMode(d2,OUTPUT);
  pinMode(d3,OUTPUT);
  pinMode(d4,OUTPUT);
  pinMode(a,OUTPUT);
```

```
        pinMode(b,OUTPUT);
        pinMode(c,OUTPUT);
        pinMode(d,OUTPUT);
        pinMode(e,OUTPUT);
        pinMode(f,OUTPUT);
        pinMode(g,OUTPUT);
        pinMode(p,OUTPUT);
        M=0;
        H=0;
    }
    void loop(){
        for(int a=1;a<=3000;a++)//每 min 变化数字一次
        {
            clearLEDs();
            pickDigit(1);
            pickNumber((H/10)%10);
            delayMicroseconds(del);
            clearLEDs();
            pickDigit(2);
            pickNumber(H%10);
            delayMicroseconds(del);
            clearLEDs();
            pickDigit(3);
            dispDec(3);
            pickNumber((M/10)%10);
            delayMicroseconds(del);
            clearLEDs();
            pickDigit(4);
            pickNumber(M%10);
            delayMicroseconds(del);
        }
    M++;
    if(M>=60)//60min 进位 1h
    {
        M=0;
        H++;
    }
    if(H>=24)//24h 清零一次
    {
```

```
      M = 0；
      H = 0；
   }
}
void pickDigit(int x){    //定义 pickDigit(x),其作用是开启 dx 引脚
   digitalWrite(d1, LOW)；
   digitalWrite(d2,LOW)；
   digitalWrite(d3,LOW)；
   digitalWrite(d4,LOW)；
   switch(x){
      case 1：
         digitalWrite(d1,HIGH)；
         break；
      case 2：
         digitalWrite(d2,HIGH)；
         break；
      case 3：
         digitalWrite(d3,HIGH)；
         break；
      default：
         digitalWrite(d4,HIGH)；
         break；
   }
}
void pickNumber(int x){    //定义 pickNumber(x),其作用是显示数字 x
   switch(x){
      default：
         zero()；
         break；
      case 1：
         one()；
         break；
      case 2：
         two()；
         break；
      case 3：
         three()；
         break；
```

```
        case 4：
            four( )；
            break；
        case 5：
            five( )；
            break；
        case 6：
            six( )；
            break；
        case 7：
            seven( )；
            break；
        case 8：
            eight( )；
            break；
        case 9：
            nine( )；
            break；
    }
}
void dispDec(int x){    //设定开启小数点
    digitalWrite(p,LOW)；
}
void clearLEDs( ){    //清屏
    digitalWrite(a,HIGH)；
    digitalWrite(b,HIGH)；
    digitalWrite(c,HIGH)；
    digitalWrite(d,HIGH)；
    digitalWrite(e,HIGH)；
    digitalWrite(f,HIGH)；
    digitalWrite(g,HIGH)；
    digitalWrite(p,HIGH)；
}
void zero( ){    //定义数字0时阴极引脚开关
    digitalWrite(a,LOW)；
    digitalWrite(b,LOW)；
    digitalWrite(c,LOW)；
    digitalWrite(d,LOW)；
```

```
    digitalWrite(e,LOW);
    digitalWrite(f,LOW);
    digitalWrite(g,HIGH);
}
void one(){    //定义数字 1 时阴极引脚开关
    digitalWrite(a,HIGH);
    digitalWrite(b,LOW);
    digitalWrite(c,LOW);
    digitalWrite(d,HIGH);
    digitalWrite(e,HIGH);
    digitalWrite(f,HIGH);
    digitalWrite(g,HIGH);
}
void two(){    //定义数字 2 时阴极引脚开关
    digitalWrite(a,LOW);
    digitalWrite(b,LOW);
    digitalWrite(c,HIGH);
    digitalWrite(d,LOW);
    digitalWrite(e,LOW);
    digitalWrite(f,HIGH);
    digitalWrite(g,LOW);
}
void three(){    //定义数字 3 时阴极引脚开关
    digitalWrite(a,LOW);
    digitalWrite(b,LOW);
    digitalWrite(c,LOW);
    digitalWrite(d,LOW);
    digitalWrite(e,HIGH);
    digitalWrite(f,HIGH);
    digitalWrite(g,LOW);
}
void four(){    //定义数字 4 时阴极引脚开关
    digitalWrite(a,HIGH);
    digitalWrite(b,LOW);
    digitalWrite(c,LOW);
    digitalWrite(d,HIGH);
    digitalWrite(e,HIGH);
    digitalWrite(f,LOW);
```

```
    digitalWrite(g,LOW);
  }
  void five(){   //定义数字5时阴极引脚开关
    digitalWrite(a,LOW);
    digitalWrite(b,HIGH);
    digitalWrite(c,LOW);
    digitalWrite(d,LOW);
    digitalWrite(e,HIGH);
    digitalWrite(f,LOW);
    digitalWrite(g,LOW);
  }
  void six(){   //定义数字6时阴极引脚开关
    digitalWrite(a,LOW);
    digitalWrite(b,HIGH);
    digitalWrite(c,LOW);
    digitalWrite(d,LOW);
    digitalWrite(e,LOW);
    digitalWrite(f,LOW);
    digitalWrite(g,LOW);
  }
  void seven(){   //定义数字7时阴极引脚开关
    digitalWrite(a,LOW);
    digitalWrite(b,LOW);
    digitalWrite(c,LOW);
    digitalWrite(d,HIGH);
    digitalWrite(e,HIGH);
    digitalWrite(f,HIGH);
    digitalWrite(g,HIGH);
  }
  void eight(){   //定义数字8时阴极引脚开关
    digitalWrite(a,LOW);
    digitalWrite(b,LOW);
    digitalWrite(c,LOW);
    digitalWrite(d,LOW);
    digitalWrite(e,LOW);
    digitalWrite(f,LOW);
    digitalWrite(g,LOW);
  }
```

```
void nine(){   //定义数字9时阴极引脚开关
    digitalWrite(a,LOW);
    digitalWrite(b,LOW);
    digitalWrite(c,LOW);
    digitalWrite(d,LOW);
    digitalWrite(e,HIGH);
    digitalWrite(f,LOW);
    digitalWrite(g,LOW);
}
```

课后作业

1. 控制 1 个一位 LED 数码管，要求独立绘制连线图并完成硬件连接，初始化显示 0，实现按动一个触点开关一次，显示数字增加 1。

2. 控制 1 个四位 LED 数码管，要求独立绘制连线图并完成硬件连接，初始化显示 0，实现按动一个触点开关一次，显示数字增加 1。

评价与反馈

通过本任务的学习，应能实现汽车全车 LED 数码管的控制。请根据实际完成情况，完成任务评价。

评价项目	评价标准	自评（30%）	互评（30%）	教师评价（40%）
基本认知	能够掌握 LED 数码管的基本原理(10 分)			
任务实施	能够掌握 LED 数码管的硬件连线方法(20 分)			
	能够安全规范地完成任务(10 分)			
	完成任务后能整理好工位(10 分)			
控制编程	编程思路、逻辑清晰(10 分)			
	能够完成单片机编程指令编写，程序规范、完整，能够成功运行(15 分)			
	算法优秀，或者能够通过查阅资料自学并改进自己的算法(10 分)			
作业情况	能够独立完成作业中软硬件的要求(15 分)			
综合评价	合计			
	总评分			
教师评语				

签字：　　　　　　日期：

项目四　汽车信息反馈系统控制

学习任务 14　汽车 LED RGB 模块的控制

任务描述

当前汽车仪表中，LED RGB 的应用越来越多，使用 LED RGB 模块可以显示或者强调车辆当前状态，这些 LED RGB 模块是如何控制的呢？下面请同学们通过学习 LED RGB 的基本原理、硬件连接、控制应用等知识，练习编写单片机编程指令来实现汽车 LED RGB 的控制吧！

学习目标

素养目标：

1. 培养学生查阅资料的自学能力。
2. 培养学生的动手能力。
3. 培养学生逻辑思维和分析问题的能力。
4. 培养学生社会责任感。

知识目标：

1. 了解 LED RGB 的基本原理。
2. 掌握 LED RGB 的硬件连接。
3. 掌握 LED RGB 的控制及应用。

技能目标：

1. 能够识别 LED RGB 的 4 个引脚。
2. 能够完成单片机编程指令编写。

学习准备

工作场所：理实一体化专业教室。

在教师的引导下分组，以小组为单位学习相关知识，并回答下列问题：

1. LED RGB 的显色原理是什么？
2. LED RGB 如何区分 4 个引脚？
3. LED RGB 的应用有哪些？

信息收集页

1. LED RGB 的基本原理

RGB 色彩模式是工业界的一种颜色标准，是通过对红（R）、绿（G）、蓝（B）3 个颜色通道的变化以及它们相互之间的叠加来得到各式各样的颜色的，RGB 即代表红、绿、蓝 3 个通道的颜色，这个标准几乎包括了人类视力所能感知的所有颜色，是目前运用最广的颜色系统之一。

RGB 是根据颜色发光的原理来设计的，其颜色混合方式就好像有红、绿、蓝三盏灯，当它们的光相互叠合的时候，色彩相混，而亮度却等于两者亮度的总和，越混合亮度越高，即加法混合。

有色光可被无色光冲淡并变亮。如蓝色光与白光相遇，结果是产生更加明亮的浅蓝色光；红、绿、蓝三盏灯的叠加情况，中心三色最亮的叠加区为白色。

红、绿、蓝 3 个颜色通道每种色各分为 255 阶亮度，在 0 时"灯"最弱，是关掉的，而在 255 时"灯"最亮。当三色数值相同时为无色彩的灰度色，而三色都为 255 时为最亮的白色，都为 0 时为黑色。

三色 LED RGB 模块使用三色全彩 LED 制造，模块有 3 个输入引脚：R 为红色输入、G 为绿色输入、B 为蓝色输入。另外，"-"为模块的 GND 引脚。模块的特点是三组信号输入，可通过单片机编程实现 R、G、B 三种颜色的混合达到全彩的效果，RGB 引脚如图 4-9 所示。

图 4-9　RGB 引脚

在计算机中，RGB 各有 0～255 共 256 级亮度，按照计算，256 级的 RGB 色彩总共能组合出约 1678 万种色彩（256×256×256＝16777216）。RGB 色彩通常简称为 1600 万色或千万色，也称为 24 位色（2 的 24 次方）。

2. LED RGB 模块的应用

目前的显示器大都采用 RGB 颜色标准，在显示器上，是通过电子枪打在屏幕上红、绿、蓝三色发光极来产生色彩的，屏幕上的所有颜色，都由红、绿、蓝这 3 种色光按照不同的比例混合而成。屏幕上的任何一个颜色都可以由一组 RGB 值来记录和表达，因此又称为三原色光。在 LED 领域利用三合一点阵全彩技术，即在一个发光单元里由 RGB 三色晶片组成全彩像素。随着这一技术的不断成熟，LED 显示技术会给人们带来更加丰富真实的色彩感受。

> **编程实例：LED RGB 模块的控制**
>
> 本次实验利用具有 PWM 功能（PWM 即占空比控制）的 I/O 引脚和外接直插 LED RGB 模块来完成，LED RGB 实验器件见表 4-3。
>
> RGB 硬件连线如图 4-10 所示。这里使用数字引脚 9、10 和 11。使用 LED RGB 时，要连接限流电阻，这里为 220Ω 电阻，否则电流过大会烧毁模块，注意 LED RGB 的 4 个引脚的正负极，此次模块为共阴极，即三色 LED 的负极在一个引脚上。
>
>
>
> LED RGB 模块的控制
>
> 表 4-3　LED RGB 实验器件
>
> | 器件 | 数量 | 器件 | 数量 |
> | --- | --- | --- | --- |
> | Arduino UNO 单片机 | 1 | 220Ω 直插电阻 | 3 |
> | USB 下载线 | 1 | 面包板 | 1 |
> | 直插 LED RGB 模块 | 1 | 面包线 | 4 |

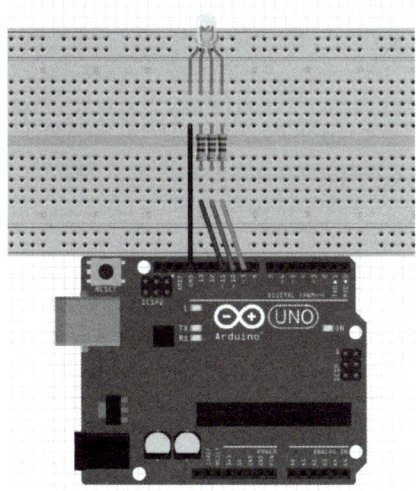

图 4-10 RGB 硬件连线

参考程序：
```
int redPin=11;//RGB LED 模块上的红色 LED 引脚连接到单片机数字引脚 11
int greenPin=9;//RGB LED 模块上的绿色 LED 引脚连接到单片机数字引脚 9
int bluePin=10;//RGB LED 模块上的蓝色 LED 引脚连接到单片机数字引脚 10
void setup(){
    pinMode(redPin,OUTPUT);//设置红色输出引脚
    pinMode(greenPin,OUTPUT);//设置绿色输出引脚
    pinMode(bluePin,OUTPUT);//设置蓝色输出引脚
}
void loop(){
    //显示三原色
    color(255,0,0);//显示红色
    delay(1000);//延时 1s
    color(0,255,0);//显示绿色
    delay(1000);//延时 1s
    color(0,0,255);//显示蓝色
    delay(1000);//延时 1s
    //显示混合色
    color(255,255,0);//显示黄色
    delay(1000);//延时 1s
    color(255,255,255);//显示白色
    delay(1000);//延时 1s
    color(128,0,255);//显示紫色
    delay(1000);//延时 1s
```

```
    color(0,0,0);//关闭RGB
    delay(1000);//延时1s
}
void color(unsigned char red,unsigned char green,unsigned char blue)
//根据红、绿、蓝占比显示颜色
{
    analogWrite(redPin,255-red);
    analogWrite(bluePin,255-blue);
    analogWrite(greenPin,255-green);
}
```

任务工单页

任务准备：
LED RGB 实验器件见表 4-3，RGB 硬件连线见图 4-10。

任务实施 1：LED RGB 渐变色的控制

完成汽车 LED RGB 的控制，要求使用 Arduino UNO 单片机连接一个 LED RGB，显示渐变色功能，使用 I/O 数字引脚 9（绿）、10（蓝）和 11（红）（每种颜色显示 0.5s）。

LED RGB 渐变色的控制

```
参考程序：
int greenPin=9;//RGB LED 模块上的绿色 LED 引脚连接到单片机数字引脚 9
int bluePin=10;//RGB LED 模块上的蓝色 LED 引脚连接到单片机数字引脚 10
int redPin=11;//RGB LED 模块上的红色 LED 引脚连接到单片机数字引脚 11
void setup(){
    pinMode(greenPin,OUTPUT);//设置绿色输出引脚
    pinMode(bluePin,OUTPUT);//设置蓝色输出引脚
    pinMode(redPin,OUTPUT);//设置红色输出引脚
}
void loop(){
    for(int n=0;n<=255;n++)
    {
        analogWrite(9,n);
        for(int m=0;m<=255;m++)
        {
            analogWrite(10,n);
            for(int a=0;a<=255;a++)
            {
```

```
            analogWrite(11,a);
            delay(500);
        }
    }
}
```

任务实施2：LED RGB 红绿灯的控制

LED RGB
红绿灯的控制

完成红绿灯的控制，要求使用 Arduino UNO 单片机连接一个 LED RGB，使用 I/O 数字引脚 9（红）、10（绿）和 11（蓝）。控制要求：红灯亮 1min—红灯闪烁 3 次—黄灯亮 5s—绿灯亮 1min—绿灯闪烁 3 次—黄灯亮 5s—变回红灯亮，如此循环，注意灯闪烁一次为亮 0.5s、熄灭 0.5s。

```
参考程序：
int redPin=9;//RGB LED 模块上的红色 LED 引脚连接到单片机数字引脚 9
int greenPin=10;//RGB LED 模块上的绿色 LED 引脚连接到单片机数字引脚 10
int bluePin=11;//RGB LED 模块上的蓝色 LED 引脚连接到单片机数字引脚 11
void setup(){
    pinMode(redPin,OUTPUT);//设置红色输出引脚
    pinMode(greenPin,OUTPUT);//设置绿色输出引脚
    pinMode(bluePin,OUTPUT);//设置蓝色输出引脚
}
void loop(){
    digitalWrite(9,HIGH);//红灯亮起
    digitalWrite(10,LOW);//绿灯熄灭
    digitalWrite(11,LOW);//蓝灯熄灭
    delay(60000);
    for(int n=1;n<=3;n++)//红灯闪烁 3 次
    {
        digitalWrite(9,HIGH);
        delay(500);
        digitalWrite(9,LOW);
        delay(500);
    }
    digitalWrite(9,HIGH);//红灯亮起
    digitalWrite(10,HIGH);//绿灯亮起
    //红绿灯混合亮产生黄色灯亮起效果
    delay(5000);
    digitalWrite(9,LOW);//红灯熄灭
```

```
        digitalWrite(10,LOW);//绿灯熄灭
        //红绿灯混合亮产生黄色灯熄灭效果
        digitalWrite(10,HIGH);//绿灯亮起
        delay(60000);
        for(int n=1;n<=3;n++)//绿灯闪烁3次
        {
            digitalWrite(10,HIGH);
            delay(500);
            digitalWrite(10,LOW);
            delay(500);
        }
        digitalWrite(9,HIGH);//红灯亮起
        digitalWrite(10,HIGH);//绿灯亮起
        //红绿灯混合亮产生黄色灯亮起效果
        delay(5000);
        digitalWrite(9,LOW);//红灯熄灭
        digitalWrite(10,LOW);//绿灯熄灭
        //红绿灯混合亮产生黄色灯熄灭效果
    }
```

课后作业

1. 控制7个LED RGB模块，要求独立绘制连线图并完成硬件连接，实现分别显示"赤橙黄绿青蓝紫"的效果。

2. 控制7个LED RGB模块，要求独立绘制连线图并完成硬件连接，实现每隔1s依次显示"赤橙黄绿青蓝紫"的效果。

评价与反馈

通过本任务的学习，应能实现对汽车全车LED RGB模块的控制。请根据实际完成情况，完成任务评价。

评价项目	评价标准	自评（30%）	互评（30%）	教师评价（40%）
基本认知	能够掌握LED RGB的显色原理(10分)			
任务实施	能够掌握LED RGB的硬件连线方法(20分)			
	能够安全规范地完成任务(10分)			
	完成任务后能整理好工位(10分)			
控制编程	编程思路、逻辑清晰(10分)			
	能够完成单片机编程指令编写，程序规范、完整，能够成功运行(15分)			
	算法优秀，或者能够通过查阅资料自学并改进自己的算法(10分)			

（续）

评价项目	评价标准	自评（30%）	互评（30%）	教师评价（40%）
作业情况	能够独立完成作业中软硬件的要求（15分）			
综合评价	合计			
	总评分			
教师评语				
		签字：		日期：

学习任务15 汽车蜂鸣器的控制

任务描述

汽车蜂鸣器是一种用于发出声音警告或提醒的装置，当前汽车对蜂鸣器的应用越来越多，大多数汽车都会使用蜂鸣器来进行提示，但是这些蜂鸣器是如何控制的呢？

学习目标

素养目标：
1. 培养学生查阅资料的自学能力。
2. 培养学生的动手能力。
3. 培养学生逻辑思维和分析问题的能力。

知识目标：
1. 了解蜂鸣器的基本原理。
2. 掌握蜂鸣器的硬件连接。
3. 掌握蜂鸣器的控制及应用。

技能目标：
1. 能够识别蜂鸣器的正负极引脚。
2. 能够完成单片机编程指令编写。

学习准备

工作场所：理实一体化专业教室。
在教师的引导下分组，以小组为单位学习相关知识，并回答下列问题：
1. 蜂鸣器的发声原理是什么？
2. 蜂鸣器如何区分正负极？
3. 蜂鸣器的应用有哪些？

> **信息收集页**

1. 蜂鸣器的基本原理

蜂鸣器是一种电子声音装置,其基本原理是利用振动元件和电场元件之间的相互作用来产生声音。蜂鸣器包含以下部件。

1)振动元件。蜂鸣器内部包含一个振动元件,这个振动元件可以是柔软的材料,如塑料或薄膜,也可以是硬的材料,如陶瓷或金属。

2)电场元件。蜂鸣器包含一个电场元件,通常是一个电磁线圈或压电陶瓷,这个元件通过电流来产生电场。

当电流通过电场元件时,它会在电场元件内产生电场效应。电场的方向和强度会随着电流的变化而变化,这会导致振动元件发生振动或震荡。这种振动或震荡的速度和幅度与电场元件和振动元件的特性有关。

振动元件的振动会产生声波,这些声波传播到周围空气中,形成听得见的声音。蜂鸣器的声音特性(包括频率、音量和音调)取决于多个因素,包括振动元件的形状、材料和尺寸,以及电场元件的电流频率和大小。通过调整这些因素,可以设计不同类型的蜂鸣器,产生不同的声音效果。例如,有声蜂鸣器通常使用振动膜,而无声蜂鸣器通常使用压电陶瓷。

2. 蜂鸣器的应用

汽车蜂鸣器是一种用于发出声音警告或提醒的装置,通常安装在汽车电气系统中,主要有以下应用。

1)车辆安全警报。蜂鸣器最常见的用途之一是在车辆防盗系统中使用。当车辆遇到可能被盗窃等情况时,蜂鸣器会发出声音警报,以提醒驾驶人或引起附近人员的注意。

2)倒车辅助系统。在现代汽车中,倒车辅助系统常常与蜂鸣器配合使用。当驾驶人将车辆倒车时,倒车传感器检测到障碍物并通过蜂鸣器发出声音来提醒驾驶人注意。

3)钥匙遗忘提醒。某些车辆具有智能钥匙系统,可以检测到驾驶人是否离开了车辆,如果驾驶人离开车辆而忘记关闭电源,蜂鸣器会发出声音提醒。

4)门未关提醒。如果驾驶人离开车辆时没有关闭车门,蜂鸣器可以发出声音提醒,以避免车辆被意外开启或车门未关闭。

5)车辆故障提醒。车辆的电子控制单元可以使用蜂鸣器来发出声音警告,以提示驾驶人车辆可能存在故障或需要维修。

6)速度提醒。一些车辆配备了可设置的速度限制提醒系统,蜂鸣器会在车辆超过设定的速度限制时发出声音提醒。

7)燃油量低警告。一些汽车具有燃油量低警告系统,当车辆燃油接近耗尽时,蜂鸣器会发出声音提醒驾驶人需要加油。

> **编程实例:蜂鸣器模块的控制**
>
> 能够发出声音的最常见的元器件就是蜂鸣器和喇叭,其中蜂鸣器更简单和易用,本实验用 Arduino 完成对蜂鸣器模块的控制。蜂鸣器实验器件见表 4-4。
>
> 蜂鸣器硬件连线如图 4-11 所示。

表 4-4　蜂鸣器实验器件

器件	数量	器件	数量
Arduino UNO 单片机	1	面包板	1
USB 下载线	1	面包线	2
蜂鸣器	1		

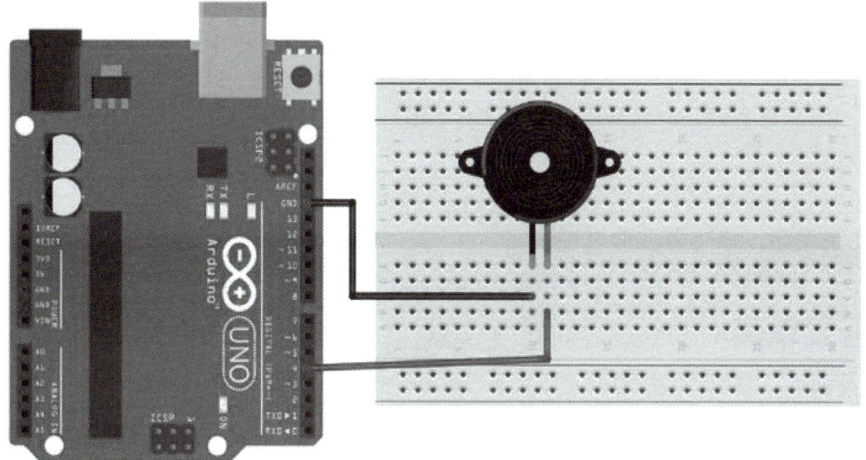

图 4-11　蜂鸣器硬件连线

连接电路时要注意蜂鸣器有正负极之分，分别有红（正极）、黑（负极）两种接线。连接好电路后就可以用程序进行控制了，蜂鸣器的控制引脚也是数字引脚，输出高低电平就可以控制蜂鸣器的鸣响。

参考程序：
```
int buzzer=4;//设置控制蜂鸣器的 I/O 数字引脚
void setup(){
    pinMode(buzzer,OUTPUT);//设置 I/O 数字引脚模式,OUTPUT 为输出
}
void loop(){
    unsigned char i,j;//定义变量
    while(1)
    {
        for(i=0;i<80;i++)//输出一个频率的声音
        {
            digitalWrite(buzzer,HIGH);//发声音
            delay(10);//延时 10ms
            digitalWrite(buzzer,LOW);//不发声音
            delay(10);//延时 10ms
```

```
    }
    for(i=0;i<100;i++)//输出另一个频率的声音
    {
        digitalWrite(buzzer,HIGH);//发声音
        delay(2);//延时2ms
        digitalWrite(buzzer,LOW);//不发声音
        delay(2);//延时2ms
    }
  }
}
```

下载完程序，蜂鸣器实验就完成了。

任务工单页

任务准备：

蜂鸣器实验器件见表4-5。

表 4-5 蜂鸣器实验器件

器件	数量	器件	数量
Arduino UNO 单片机	1	触点开关	1
USB 下载线	1	面包板	1
蜂鸣器	1	面包线	4

蜂鸣器按键控制连线如图4-12所示。

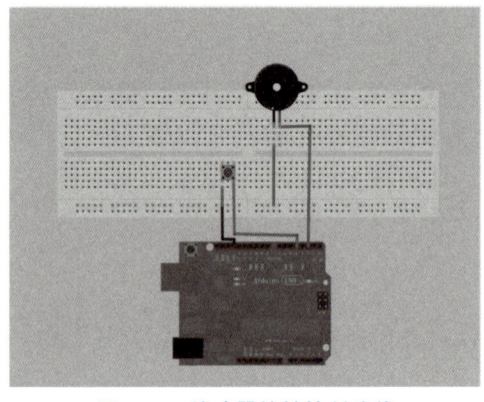

图 4-12 蜂鸣器按键控制连线

蜂鸣器的控制

任务实施：蜂鸣器的控制

通过一个触点开关来控制一个蜂鸣器的发声，按下触点开关蜂鸣器发声，不按蜂鸣器不发声。

参考程序：
```
void setup( ){
  pinMode(4,INPUT_PULLUP);//初始化引脚4连接触点开关并设置上拉电阻
  pinMode(2,OUTPUT);         //初始化引脚2连接蜂鸣器并设置输出
}
void loop( ){
  if(digitalRead(4)==1)//当按下触点开关后蜂鸣器发出声音,松开声音停止
  {
    delay(50);//按键防抖设置
    if(digitalRead(4)==1)
    {
      digitalWrite(2,HIGH);
      delay(2);
      digitalWrite(2,LOW);
      delay(2);
    }
  }
}
```

课后作业

1. 控制3个蜂鸣器，要求独立绘制连线图并完成硬件连接，实现每隔1s每个蜂鸣器发出1个不同声音。

2. 使用3个触点开关控制3个蜂鸣器，要求独立绘制连线图并完成硬件连接，按下1个触点开关对应1个蜂鸣器发出不同声音。

评价与反馈

通过本任务的学习，应能实现对汽车全车蜂鸣器的控制。请根据实际完成情况，完成任务评价。

评价项目	评价标准	自评(30%)	互评(30%)	教师评价(40%)
基本认知	能够掌握蜂鸣器的基本原理(10分)			
任务实施	能够掌握蜂鸣器的硬件连线方法(20分)			
	能够安全规范地完成任务(10分)			
	完成任务后能整理好工位(10分)			
控制编程	编程思路、逻辑清晰(10分)			
	能够完成单片机编程指令编写，程序规范、完整，能够成功运行(15分)			
	算法优秀，或者能够通过查阅资料自学并改进自己的算法(10分)			

(续)

评价项目	评价标准	自评(30%)	互评(30%)	教师评价(40%)
作业情况	能够独立完成作业中软硬件的要求（15分）			
综合评价	合计			
	总评分			
教师评语				
		签字：		日期：

学习任务 16　1602 液晶显示器的控制

任务描述

1602 液晶显示器是一种常见的字符型液晶显示器，广泛应用在车内仪表板、信息娱乐系统和车载电器中，但这些液晶显示器是如何控制的呢？下面请同学们通过学习 1602 液晶显示器的基本原理、硬件连接、控制应用等知识，练习编写单片机编程指令来实现 1602 液晶显示器控制吧！

学习目标

素养目标：
1. 培养学生查阅资料的自学能力。
2. 培养学生的动手能力。
3. 培养学生逻辑思维和分析问题的能力。

知识目标：
1. 了解 1602 液晶显示器的基本原理。
2. 掌握 1602 液晶显示器的硬件连接。
3. 掌握 1602 液晶显示器的控制及应用。

技能目标：
1. 能够识别 1602 液晶显示器的各个引脚。
2. 能够完成单片机编程指令编写。

学习准备

工作场所：理实一体化专业教室。

在教师的引导下分组，以小组为单位学习相关知识，并回答下列问题：

1. 1602 液晶显示器的显示原理是什么？
2. 1602 液晶显示器如何区分各个引脚？

3. 1602 液晶显示器的应用有哪些？

信息收集页

1. 1602 液晶显示器的基本原理

1602 液晶显示器是一种基于液晶技术的字符型显示器，通常由 16 列和 2 行字符组成。它的基本工作原理是通过液晶分子在电场作用下的排列，从而实现字符的显示。1602 液晶显示器包含以下部件。

1）液晶屏幕：1602 液晶显示器由液晶屏幕构成，这是一个薄膜层，其中包含液晶分子。液晶分子是一种特殊的有机分子，具有在电场作用下改变排列方式的特性。

2）背光源：1602 液晶显示器通常需要背光源，以提供光亮度，使字符可见。背光源可以是发光二极管（LED）或冷阴极荧光灯（CCFL），位于液晶屏幕的后面。

3）字符控制器：1602 液晶显示器还包括一个字符控制器，它负责将需要显示的字符信息发送到液晶屏幕上的特定位置。字符控制器根据输入的数据，控制液晶分子的排列，以显示所需的字符。

1602 液晶显示器通过在液晶屏幕上的不同位置控制电场，来显示不同的字符和信息。这种液晶显示技术在许多应用中得到广泛使用，包括计算器、嵌入式系统、仪器、电子设备和汽车中的信息显示，其基本原理如下。

1）电场控制：液晶分子的排列受电场影响。在 1602 液晶显示器中，每个字符位置都有一对电极，一个在上面，一个在下面。通过在这些电极之间施加电压，可以创建一个电场，改变液晶分子的排列方式。

2）液晶分子排列：液晶分子具有两种基本排列方式：扭曲排列和平行排列。电场的强度和方向决定了液晶分子的排列方式，从而决定了字符的显示。在液晶分子排列变化时，光线经过液晶屏幕时会被不同程度地旋转，从而改变光的透过程度。

3）字符显示：通过控制每个字符位置的电场，字符控制器可以实现字符的显示。要显示特定字符，字符控制器会根据字符的 ASCII 码或其他编码方式向液晶屏幕发送相应的控制信号，使液晶分子在特定位置排列成相应字符的形状。

2. 1602 液晶显示器在汽车中的应用

1602 液晶显示器在汽车中主要有以下应用。

1）关键驾驶信息：1602 液晶显示器可以用于显示车辆的速度、转速和行驶里程等。这些显示器通常配备在车辆的仪表板上，为驾驶人提供实时数据。

2）油耗监测：一些汽车使用 1602 液晶显示器来显示燃油消耗情况，以帮助驾驶人更好地管理燃油消耗和节省燃料费用。

3）温度和气压监测：液晶显示器可用于显示车辆内部和外部的温度、气压和湿度等气象信息，以向驾驶人提供有关路况的信息。

4）多媒体信息：在车载信息娱乐系统中，1602 液晶显示器可用于显示音乐、广播、导航和娱乐内容的信息，以便驾驶人和乘客进行选择和控制。

5）倒车辅助系统：一些汽车在倒车时使用 1602 液晶显示器来显示后视摄像头拍摄的图像，帮助驾驶人安全地倒车并避免碰撞障碍物。

6）自动空调系统：在自动空调系统中，1602 液晶显示器用于显示设定的温度、风速和模式，以及车内温度和湿度等信息。

7）车辆警报和故障码：当车辆出现故障或需要进行维护时，1602 液晶显示器可以显示相关的警报和故障码，以提醒驾驶人采取必要的措施。

8）行车 ECU：1602 液晶显示器可用于显示行车 ECU 信息，如平均油耗、行驶距离、剩余油量和驾驶时间等。

9）车辆设置和控制：驾驶人可以使用液晶显示器来调整车辆的设置，如座椅调节、音响设置、导航目的地输入等。

1602 液晶显示器在汽车中有多种应用。它们可以增强驾驶体验、提高驾驶安全性，并为驾驶人和乘客提供有用的信息。随着汽车技术的不断发展，液晶显示器在汽车内部的应用将继续增加。

编程实例：1602 液晶显示器的控制

1602 直接与 Arduino 通信，使用 8 位连接法进行实验。1602 液晶显示器实验器件见表 4-6。

表 4-6 1602 液晶显示器实验器件

器件	数量	器件	数量
Arduino UNO 单片机	1	220Ω 直插电阻	1
USB 下载线	1	面包板	1
1602 液晶显示器	1	面包线	17

1602 液晶显示器硬件连接方式如图 4-13 所示。

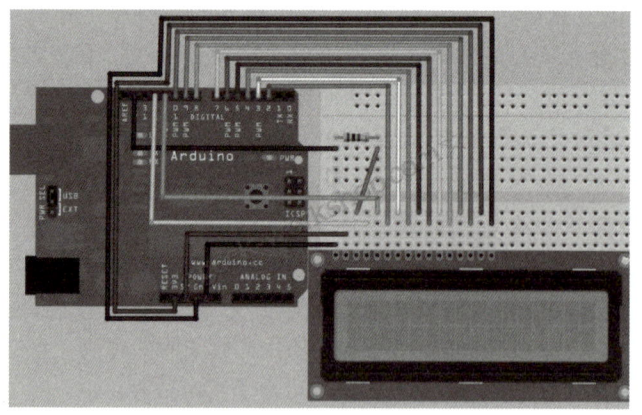

图 4-13 1602 液晶显示器硬件连接方式

1602液晶显示器的控制1

下面要求在汽车 1602 液晶显示器上显示信息，要求在显示器上第一行顶格依次显示"Welcome to"，第二行第二个位置开始依次显示"China"，显示 5s 后更新内容，要求第一行第六个位置开始依次显示"abc def"，显示 5s 后程序循环。

参考程序：
int DI = 12;
int RW = 11;

```
int DB[ ] = {3,4,5,6,7,8,9,10};//使用数组来定义总线需要的引脚
int Enable = 2;
void LcdCommandWrite(int value){
    // 定义所有引脚
    int i = 0;
    for (i = DB[0]; i <= DI; i++)//总线赋值
    {
        digitalWrite(i, value & 01);
        //因为1602液晶信号传输顺序是D7-D0(不是D0-D7),这里是用来反转信号
        value >>= 1;
    }
    digitalWrite(Enable, LOW);
    delayMicroseconds(1);
    digitalWrite(Enable, HIGH);
    delayMicroseconds(1);   // 延时1ms
    digitalWrite(Enable, LOW);
    delayMicroseconds(1);   // 延时1ms
}
void LcdDataWrite(int value){
    // 定义所有引脚
    int i = 0;
    digitalWrite(DI, HIGH);
    digitalWrite(RW, LOW);
    for (i = DB[0]; i <= DB[7]; i++)
    {
        digitalWrite(i, value & 01);
        value >>= 1;
    }
    digitalWrite(Enable, LOW);
    delayMicroseconds(1);
    digitalWrite(Enable, HIGH);
    delayMicroseconds(1);
    digitalWrite(Enable, LOW);
    delayMicroseconds(1);// 延时1ms
}
void setup (void){
    int i = 0;
    for (i = Enable; i <= DI; i++){
```

```
        pinMode(i,OUTPUT);
    }
    delay(100);
    // 短暂的停顿后初始化 LCD
    // 用于 LCD 控制需要
    LcdCommandWrite(0x38);//设置为 8bit 接口,2 行显示,5×7 像素点文字大小
    delay(64);
    LcdCommandWrite(0x38);// 设置为 8bit 接口,2 行显示,5×7 像素点文字大小
    delay(50);
    LcdCommandWrite(0x38);// 设置为 8bit 接口,2 行显示,5×7 像素点文字大小
    delay(20);
    LcdCommandWrite(0x06);// 输入方式设定
    // 自动增量,没有显示移位
    delay(20);
    LcdCommandWrite(0x0E);// 显示设置
    // 开启显示屏,光标显示,无闪烁
    delay(20);
    LcdCommandWrite(0x01);// 屏幕清空,光标位置归零
    delay(100);
    LcdCommandWrite(0x80);// 显示设置
    // 开启显示屏,光标显示,无闪烁
    delay(20);
}
void loop (void){
    LcdCommandWrite(0x01);// 屏幕清空,光标位置归零
    delay(10);
    LcdCommandWrite(0x80);//定义光标位置为第一行第一个位置
    delay(10);
    // 写入欢迎信息
    LcdDataWrite('W');
    LcdDataWrite('e');
    LcdDataWrite('l');
    LcdDataWrite('c');
    LcdDataWrite('o');
    LcdDataWrite('m');
    LcdDataWrite('e');
    LcdDataWrite(' ');
    LcdDataWrite('t');
```

```
        LcdDataWrite('o');
        delay(10);
        LcdCommandWrite(0xc0+1);// 定义光标位置为第二行第二个位置
        delay(10);
        LcdDataWrite('C');
        LcdDataWrite('h');
        LcdDataWrite('i');
        LcdDataWrite('n');
        LcdDataWrite('a');
        delay(5000);
        LcdCommandWrite(0x01);// 屏幕清空,光标位置归零
        delay(10);
        LcdCommandWrite(0x80+5);//定义光标位置为第一行第六个位置
        delay(10);
        LcdDataWrite('a');
        LcdDataWrite('b');
        LcdDataWrite('c');
        LcdDataWrite(' ');
        LcdDataWrite('d');
        LcdDataWrite('e');
        LcdDataWrite('f');
        delay(5000);
    }
```

任务工单页

任务准备：

1602液晶显示器实验器件见表4-6，硬件连接方式如图4-13所示。

任务实施：1602液晶显示器的控制

完成汽车1602液晶显示器的控制，要求在显示器上第一行顶格显示"MP3 Player："，第二行空2格显示"Track 01"。

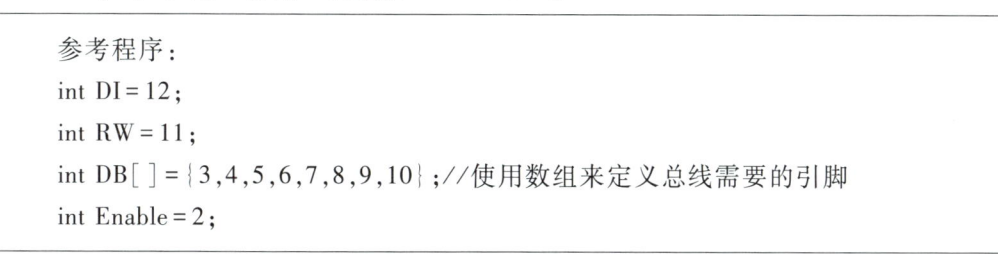

1602液晶显示器的控制2

```
参考程序：
int DI = 12;
int RW = 11;
int DB[] = {3,4,5,6,7,8,9,10};//使用数组来定义总线需要的引脚
int Enable = 2;
```

```c
void LcdCommandWrite(int value){
  //定义所有引脚
  int i=0;
  for(i=DB[0];i<=DI;i++)//总线赋值
  {
    digitalWrite(i,value & 01);
    //因为1602液晶信号传输顺序是D7-D0(不是D0-D7),这里是用来反转信号
    value >>=1;
  }
  digitalWrite(Enable,LOW);
  delayMicroseconds(1);
  digitalWrite(Enable,HIGH);
  delayMicroseconds(1);   // 延时1ms
  digitalWrite(Enable,LOW);
  delayMicroseconds(1);   // 延时1ms
}
void LcdDataWrite(int value){
  // 定义所有引脚
  int i=0;
  digitalWrite(DI,HIGH);
  digitalWrite(RW,LOW);
  for(i=DB[0];i<=DB[7];i++)
  {
    digitalWrite(i,value & 01);
    value >>=1;
  }
  digitalWrite(Enable,LOW);
  delayMicroseconds(1);
  digitalWrite(Enable,HIGH);
  delayMicroseconds(1);
  digitalWrite(Enable,LOW);
  delayMicroseconds(1);   // 延时1ms
}
void setup (void){
  int i=0;
  for(i=Enable;i<=DI;i++){
    pinMode(i,OUTPUT);
  }
```

```
    delay(100);
    // 短暂的停顿后初始化 LCD
    // 用于 LCD 控制需要
    LcdCommandWrite(0x38);// 设置为 8bit 接口,2 行显示,5×7 像素点文字大小
    delay(64);
    LcdCommandWrite(0x38);// 设置为 8bit 接口,2 行显示,5×7 像素点文字大小
    delay(50);
    LcdCommandWrite(0x38);// 设置为 8bit 接口,2 行显示,5×7 像素点文字大小
    delay(20);
    LcdCommandWrite(0x06);// 输入方式设定
    // 自动增量,没有显示移位
    delay(20);
    LcdCommandWrite(0x0E);// 显示设置
    // 开启显示屏,光标显示,无闪烁
    delay(20);
    LcdCommandWrite(0x01);// 屏幕清空,光标位置归零
    delay(100);
    LcdCommandWrite(0x80);// 显示设置
    // 开启显示屏,光标显示,无闪烁
    delay(20);
}
void loop(void){
    LcdCommandWrite(0x01);// 屏幕清空,光标位置归零
    delay(10);
    LcdCommandWrite(0x80);
    delay(10);
    // 写入欢迎信息
    LcdDataWrite('M');
    LcdDataWrite('P');
    LcdDataWrite('3');
    LcdDataWrite(' ');
    LcdDataWrite('P');
    LcdDataWrite('l');
    LcdDataWrite('a');
    LcdDataWrite('y');
    LcdDataWrite('e');
    LcdDataWrite('r');
    LcdDataWrite(':');
```

```
        delay(10);
        LcdCommandWrite(0xc0+2);   // 定义光标位置为第二行第二个位置
        delay(10);
        LcdDataWrite('T');
        LcdDataWrite('r');
        LcdDataWrite('a');
        LcdDataWrite('c');
        LcdDataWrite('k');
        LcdDataWrite(' ');
        LcdDataWrite('0');
        LcdDataWrite('1');
    }
```

课后作业

1. 控制1个1602液晶显示器，要求独立绘制连线图并完成硬件连接，实现第一行顶格显示"I am a student."。

2. 控制1个1602液晶显示器，要求独立绘制连线图并完成硬件连接，实现第一行空2格显示"How are you."，第二行顶格显示"Fine thank you."，全部清屏2s后循环。

评价与反馈

通过本任务的学习，应能实现对1602液晶显示器的控制。请根据实际完成情况，完成任务评价。

评价项目	评价标准	自评(30%)	互评(30%)	教师评价(40%)
基本认知	能够掌握1602液晶显示器的基本原理(10分)			
任务实施	能够掌握1602液晶显示器的硬件连线方法(20分)			
	能够安全规范地完成任务(10分)			
	完成任务后能整理好工位(10分)			
控制编程	编程思路、逻辑清晰(10分)			
	能够完成单片机编程指令编写，程序规范、完整，能够成功运行(15分)			
	算法优秀，或者能够通过查阅资料自学并改进自己的算法(10分)			
作业情况	能够独立完成作业中软硬件的要求(15分)			
综合评价	合计			
	总评分			
教师评语				
			签字：	日期：

项目四　汽车信息反馈系统控制

学习任务17　12864液晶显示器的控制

任务描述

12864液晶显示器是一种128×64像素的液晶显示器，广泛应用在车内仪表板、信息娱乐系统和车载电器中。这些液晶显示器是如何控制的呢？下面请同学们通过学习12864液晶显示器的基本原理、硬件连接、控制应用等知识，练习编写单片机编程指令来实现对汽车12864液晶显示器的控制吧！

学习目标

素养目标：
1. 培养学生查阅资料的自学能力。
2. 培养学生的动手能力。
3. 培养学生逻辑思维和分析问题的能力。
4. 培养学生的创新精神。

知识目标：
1. 了解12864液晶显示器的基本原理。
2. 掌握12864液晶显示器的硬件连接。
3. 掌握12864液晶显示器的控制及应用。

技能目标：
1. 能够识别12864液晶显示器的各个引脚。
2. 能够完成单片机编程指令编写。

学习准备

工作场所：理实一体化专业教室。
在教师的引导下分组，以小组为单位学习相关知识，并回答下列问题。
1.12864液晶显示器原理是什么？
2.12864液晶显示器如何区分各个引脚？
3.12864液晶显示器的应用有哪些？

信息收集页

1. 12864液晶显示器的基本原理

12864液晶显示器的工作过程涉及液晶技术和电子显示原理。

（1）液晶技术

1）液晶：液晶是介于液体和固体之间的物质，可通过电场控制分子的排列。液晶分子的排列状态决定了光的透射或阻挡程度，从而实现图像的显示。

2）液晶层：12864液晶显示器由两块透明的平板玻璃或塑料构成，中间夹有一层液晶材料。液晶层被划分成像素阵列，每个像素都包含液晶分子。

131

3）液晶分子排列：液晶分子的排列方式可以是各向同性或各向异性，这取决于所使用的液晶类型。液晶分子的排列状态决定了光的偏振方向，进而影响光的透射或阻挡程度。

（2）电子显示原理

1）背光源：12864液晶显示器通常需要一个背光源，如发光二极管（LED）或冷阴极荧光灯（CCFL），以提供照明。

2）像素驱动电路：每个像素都有一个相关的驱动电路，通常由薄膜晶体管（TFT）构成。这些电路通过施加电场来改变液晶分子的排列状态，控制光的透射或阻挡程度。

3）控制器和接口：液晶显示器需要一个控制器，用于接收来自计算机或其他设备的图像数据，并将其转换成适合驱动像素的信号。控制器还管理背光和电源供应。

4）显示过程：当电场施加在液晶分子上时，液晶分子的排列状态发生改变，导致光的偏振方向也发生变化。若透过液晶的光的偏振方向被改变，则将导致光的偏振方向与前面的偏振滤光片不再相匹配，光无法通过液晶层，像素呈现暗色。当电场消失或改变方向时，液晶分子重新排列，使光的偏振方向与偏振滤光片匹配，光通过液晶层，像素呈现亮色。

通过对不同像素施加不同电场并调整电场的强度和方向，液晶显示器可以创建文本、图像和图形。控制器负责将所需的图像信息传递给像素，从而形成所需的显示效果。需要注意的是，12864液晶显示器通常是单色或双色的，所以它们只能显示黑白或两种颜色。高分辨率和彩色液晶显示器使用类似的基本原理，但它们通常包含更多的复杂技术来实现多种颜色和更高的分辨率。

2. 12864液晶显示器的应用

12864液晶显示器在汽车上有多种应用，通常用于车辆信息显示。以下是在汽车上常见的应用。

1）驾驶信息显示：12864液晶显示器通常用于汽车仪表板上显示驾驶信息，如车速、发动机转速、燃油量、发动机温度、行驶里程等。这些信息以数字、图形和图标的形式呈现，使驾驶人能够轻松监视车辆状态。

2）导航系统：一些汽车配备了内置导航系统，12864液晶显示器可用于显示地图、导航指示和目的地信息。

3）多媒体系统：在车载多媒体系统中，12864液晶显示器可用于显示音乐、视频、收音机频道、蓝牙电话控制和娱乐选项。

4）倒车摄像头显示：一些汽车配备了倒车摄像头，12864液晶显示器可以用作显示摄像头图像的屏幕，以帮助驾驶人在倒车时更容易地观察周围环境。

5）车辆设置和控制：12864液晶显示器可以用于调整车辆设置，如座椅调整、空调温度、灯光控制和安全系统设置。驾驶人可以使用它们来自定义车辆体验。

6）燃油效率和能源信息：12864液晶显示器还可以显示燃油效率信息、蓄电池电量和能源流向，帮助驾驶人更有效地管理燃料或电能的使用。

7）警告和故障诊断：12864液晶显示器可以用于显示车辆警告和故障诊断信息，以提醒驾驶人汽车的潜在问题或维护需求。

8）驾驶辅助系统：在一些高级汽车中，12864液晶显示器可以与驾驶辅助系统集成，如自动巡航控制、自动泊车系统和车道保持辅助系统，以显示相关信息。

总的来说，12864液晶显示器在汽车中扮演了重要角色，有助于提高驾驶的安全性和便利性。

编程实例：12864 液晶显示器模块的控制

SPI 12864LCD 模块是一款基于 12864 液晶显示器开发的显示模块。该模块带汉字库图形点阵液晶显示模块，可显示 8192 个中文汉字（16×16 点阵）、128 个字符（8×16 点阵）和图形（128×64 点阵）。该模块具有并行和串行控制接口，串行、并行模式切换开关，对比度调节电位器。接口电路板隐藏于该模块背面，既美观又不影响安装。使用 IDC6 插座作为 SPI 串行接口，使用一个 IDC6 专用连接线即可插接到扩展板上实现串行控制，使用杜邦排线可连接到 Arduino 传感器扩展板上实现并行控制，可与 Arduino 单片机组成一个功能强大的显示系统。SPI 12864LCD 模块引脚如图 4-14 所示。

图 4-14　SPI 12864LCD 模块引脚

SPI 12864LCD 模块实验器件见表 4-7。

表 4-7　SPI 12864LCD 模块实验器件

器件	数量	器件	数量
Arduino UNO 单片机	1	扩展板	1
USB 下载线	1	面包线	5
SPI 12864LCD 模块	1		

SPI 12864LCD 模块硬件连线如图 4-15 所示。

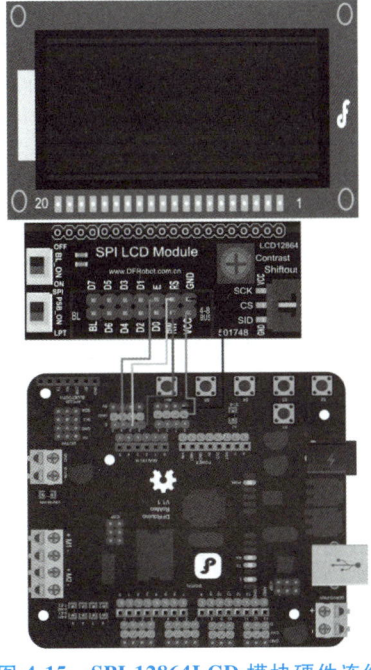

12864 液晶显示器模块的控制1

图 4-15　SPI 12864LCD 模块硬件连线

使用 SPI 12864LCD 模块显示文字"Hello World!",SPI 实验中 12864LCD 模块的引脚 VSS 接单片机 GND,引脚 VDD 接单片机 5V 电源,引脚 RS 接 I/O 模拟引脚 A3,模拟引脚 R/W 接 I/O 模拟引脚 A2,模拟引脚 E 接 I/O 模拟引脚 A4。

参考程序:
```
#include"U8glib.h"
U8GLIB_ST7920_128X64_4X u8g(18,16,17);
void draw(void){
  u8g.setFont(u8g_font_unifont);
  u8g.drawStr(0,22,"Hello World!");
}
void setup()
{
}
void loop(){
  u8g.firstPage();
  do {
    draw();
  }
  while(u8g.nextPage());
}
```

U8glib 库函数说明见表 4-8。

表 4-8　U8glib 库函数说明

U8glib 库函数	说明
*>firstPage	定义 u8g.firstPage(void),标志着图像循环的开始
*>nextPage	定义 u8g.nextPage(void),标志着图像循环的结束
>drawPixe	画点
>drawLine	画线
>drawHLine	画水平线
>drawVLine	画垂直线
>drawTriangle	画三角(实心)
>drawFrame	画矩形框
>drawRFrame	画圆角矩形框
>drawBox	画矩形(实心)
>drawRBox	画圆角矩形(实心)
>drawCircle	画圆
>drawDisc	画圆形(实心)

（续）

U8glib 库函数	说明
>drawEllipse	画圆弧
>drawFilledEllipse	画扇形（实心）
>drawStr	显示字符串
>print	输出
>drawBitmapP	画位图
>drawXMBP	画大尺寸位图
>getHeight	获得显示器高度
>getWidth	获得显示器宽度
>getStrWidth	获得字符串宽度
>setFont	设置字体
>setPrintPos	设置输出位置
>setColorIndex	设置显示与否
>setRot	显示内容旋转

显示汉字时使用 PCtoLCD2002 软件，选择模式为字符模式，如图 4-16 所示。

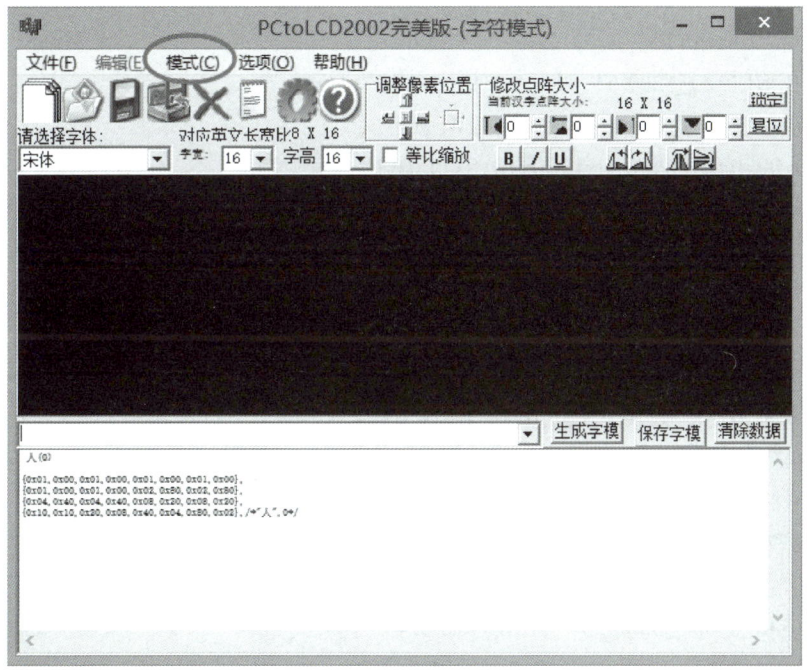

图 4-16　PCtoLCD2002 软件

字符"人"设置参数为 C51，单击生成字模，最后把生成的字模放入一个字符数组里面，如图 4-17 所示。

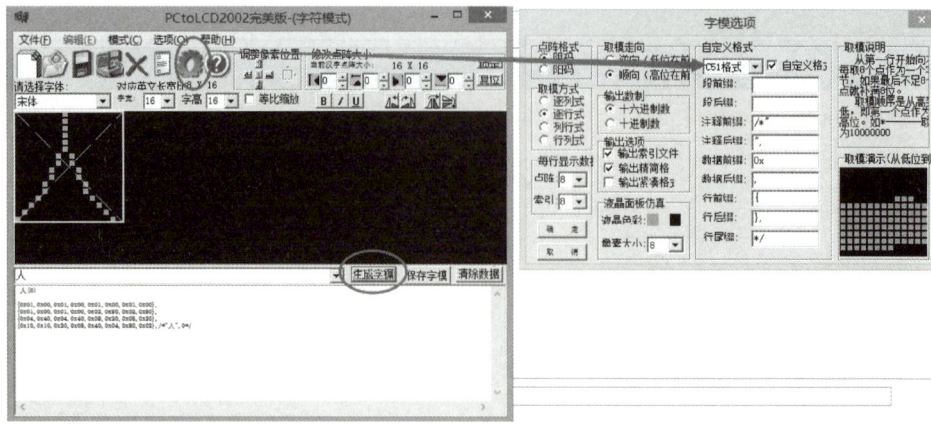

图 4-17 生成字模

任务工单页

任务准备:

SPI 12864LCD 模块实验器件见表 4-7,硬件连线如图 4-15 所示。

任务实施:使用 12864LCD 显示汉字

12864液晶显示器模块的控制2

使用 12864LCD 顶格显示汉字"机器人"。

参考程序:
#include "U8glib. h"
U8GLIB_ST7920_128X64_4X u8g(18,16,17);
const uint8_t rook_bitmap1[ ] PROGMEM = {
0x10,0x00,0x11,0xF0,0x11,0x10,0x11,0x10,
0xFD,0x10,0x11,0x10,0x31,0x10,0x39,0x10,
0x55,0x10,0x55,0x10,0x91,0x10,0x11,0x12,
0x11,0x12,0x12,0x12,0x12,0x0E,0x14,0x00,/ * "机",0 */
};
const uint8_t rook_bitmap2[ ] PROGMEM = {
0x00,0x00,0x3E,0x7C,0x22,0x44,0x22,0x44,
0x3E,0x7C,0x01,0x20,0x01,0x10,0xFF,0xFE,
0x02,0x80,0x0C,0x60,0x30,0x18,0xC0,0x06,
0x3E,0x7C,0x22,0x44,0x22,0x44,0x3E,0x7C,/ * "器",1 */
};
const uint8_t rook_bitmap3[ ] PROGMEM = {
0x01,0x00,0x01,0x00,0x01,0x00,0x01,0x00,
0x01,0x00,0x01,0x00,0x02,0x80,0x02,0x80,
0x04,0x40,0x04,0x40,0x08,0x20,0x08,0x20,
0x10,0x10,0x20,0x08,0x40,0x04,0x80,0x02,/ * "人",2 */

```
  };
  void draw( ){
    u8g.drawBitmapP(0,0,2,16,rook_bitmap1);//0 行 0 列显示"机"
    u8g.drawBitmapP(16,0,2,16,rook_bitmap2);//0 行 16 列显示"器"
    u8g.drawBitmapP(32,0,2,16,rook_bitmap3);//0 行 32 列显示"人"
  }
  void setup( )
  {
  }
  void loop( void ){
    u8g.firstPage( );
    do {
      draw( );
    }
    while( u8g.nextPage( ) );
    // rebuild the picture after some delay
    delay(1000);
  }
```

课后作业

1. 控制 1 个 12864 液晶显示器，要求独立绘制连线图并完成硬件连接，实现第一行顶格显示"我是学生"。

2. 控制 1 个 12864 液晶显示器，要求独立绘制连线图并完成硬件连接，实现第一行空 2 格显示"你好"，第二行顶格显示"汽车"，全部清屏 2s 后循环。

评价与反馈

通过本任务的学习，应能实现对汽车全车 12864 液晶显示器的控制。请根据实际完成情况，完成任务评价。

评价项目	评价标准	自评（30%）	互评（30%）	教师评价（40%）
基本认知	能够掌握 12864 液晶显示器的基本原理（10 分）			
任务实施	能够掌握 12864 液晶显示器的硬件连线方法（20 分）			
	能够安全规范地完成任务（10 分）			
	完成任务后能整理好工位（10 分）			
控制编程	编程思路、逻辑清晰（10 分）			
	能够完成单片机编程指令编写，程序规范、完整，能够成功运行（15 分）			
	算法优秀，或者能够通过查阅资料自学并改进自己的算法（10 分）			

(续)

评价项目	评价标准	自评（30%）	互评（30%）	教师评价（40%）
作业情况	能够独立完成作业中软硬件的要求（15分）			
综合评价	合计			
	总评分			
教师评语				
		签字：	日期：	

知识拓展

杭州第十九届亚运会上，莲花造型的奥体中心体育场、富阳水上运动中心等多个运动场馆流光溢彩，引人赞叹。观众可能并不知道，这些点亮夜晚的光源，有不少来源于我国突破的硅衬底LED芯片技术，而这项技术的起点，则在江西南昌。

全球约每3部智能手机，便有1部运用了硅衬底技术LED手机闪光灯；全球每3个手电筒，就有1个用的是硅衬底LED技术；不少城市的道路照明设施和隧道灯都已大量采用硅衬底LED芯片，产自南昌的LED隧道灯已经做到同类产品全国出货量排名靠前。随着产业化的发展，硅衬底LED技术已经成为世界三大LED产业技术路线之一。

基于硅衬底LED技术，南昌在LED行业全球赛道中闯出了一条自主创新之路。如今，硅衬底LED技术还在不断诞生黄光、红光等世界级创新成果，在这项技术的创新驱动和政府LED发展政策的推动下，南昌已经建成LED全产业链，成为国内最大的大功率LED光源生产基地。

2019年，规模10亿元的光谷基金成立，致力于放大硅衬底LED技术的应用优势。同时，兆驰股份、乾照光电、鸿利智汇等一批国内LED龙头企业被吸引而来，2022年，南昌LED产业实现营收212亿元。

根据南昌市人民政府2023年10月印发的《关于进一步推动电子信息产业高质量发展的实施意见（修订版）》，南昌将深耕LED芯片制造和封装，打造以硅衬底LED为特色、以蓝宝石衬底LED为基础的"南昌光谷"。高新区重点打造硅衬底LED全产业链集群，经开区重点发展基础材料、芯片封装和终端应用环节，其他区县重点发展配套缺链环节，力争2026年全市LED产业规模达到500亿元。

项目五

汽车电机系统控制

学习任务 18　舵机的控制

任务描述

当前需要控制旋转角度的装置越来越多,一般的电动机只能控制其旋转的速度和方向,但舵机却可以控制旋转角度,那它是如何控制的呢?下面请同学们通过学习舵机的基本原理、硬件连接、控制应用等知识,练习编写单片机编程指令来实现舵机的控制吧!

学习目标

素养目标:
1. 培养学生查阅资料的自学能力。
2. 培养学生的动手能力。
3. 培养学生逻辑思维和分析问题的能力。

知识目标:
1. 了解舵机的基本原理。
2. 掌握舵机的硬件连接。
3. 掌握舵机的控制及应用。

技能目标:
1. 能够识别舵机的3个引脚。
2. 能够完成单片机编程指令编写。

学习准备

工作场所:理实一体化专业教室。
在教师的引导下分组,以小组为单位学习相关知识,并回答下列问题:
1. 舵机的工作原理是什么?
2. 舵机如何区分3个引脚?
3. 舵机的应用有哪些?

信息收集页

1. 舵机的基本原理

舵机是一种位置伺服的驱动器，其外观如图 5-1 所示，它主要是由外壳、电路板、无核心电动机、齿轮与位置检测器构成。其工作原理是由接收机或者单片机发出信号给舵机，其内部有一个基准电路，产生周期为 20ms、宽度为 1.5ms 的基准信号，将获得的直流偏置电压与电位器的电压比较，获得电压差输出。舵机电路板上的集成电路（IC）判断转动方向后，无核心电动机开始转动，减速齿轮将动力传至摆臂，同时位置检测器送回信号，并判断是否已经到达预定位置。舵机适用于那些需要角度不断变化并可以保持的控制系统。当电动机转速一定时，通过级联减速齿轮带动电位器旋转，使得电压差为 0，电动机停止转动。一般舵机旋转的角度范围是 0°～180°。

舵机有很多规格，但所有的舵机都外接 3 根引线，如图 5-2 所示，分别用棕、红、橙 3 种颜色进行区分，由于舵机品牌不同，颜色也会有所差异，棕色为接地线（GND），红色为电源正极线，橙色为信号线。

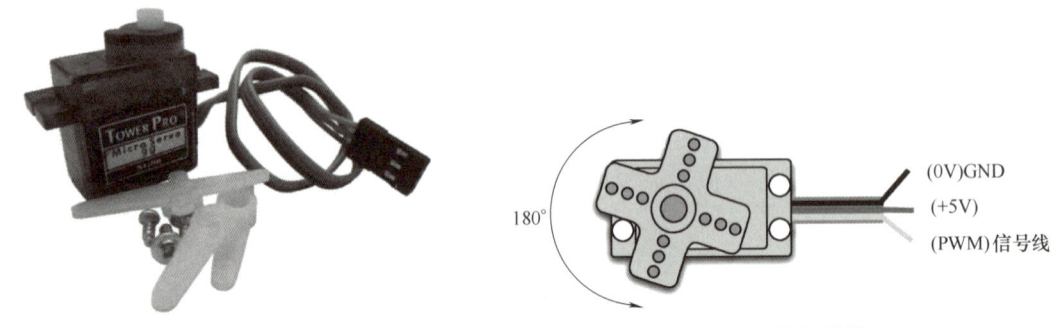

图 5-1　舵机外观　　　　　　图 5-2　舵机引线

舵机转动的角度是通过调节脉冲宽度调制（PWM）信号的占空比来实现的，标准 PWM 信号的周期固定为 20ms（50Hz），理论上脉宽分布应在 1～2ms 之间，但是，事实上脉宽可在 0.5～2.5ms 之间，脉宽和舵机的转角（0°～180°）相对应，PWM 控制舵机如图 5-3 所示。需要注意的是，不同品牌的舵机，对同一信号，舵机旋转的角度也会有所不同。

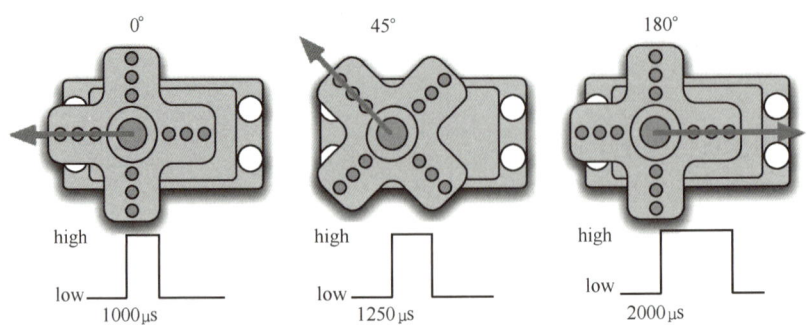

图 5-3　PWM 控制舵机

2. 舵机的应用

舵机在高档遥控玩具，如飞机模型、潜艇模型、遥控赛车中已经得到了普遍应用，如图 5-4 所示。

项目五 汽车电机系统控制

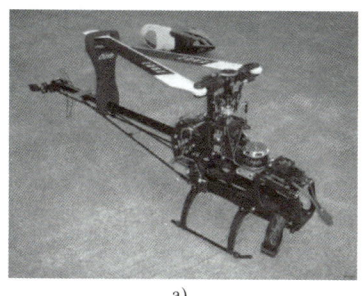
a)

b)

图 5-4 舵机的应用

编程实例：舵机的控制

下面来实际控制一个舵机，舵机实验器件见表 5-1。

表 5-1 舵机实验器件

器件	数量
Arduino UNO 单片机	1
USB 下载线	1
舵机	1
面包板	1
面包线	3

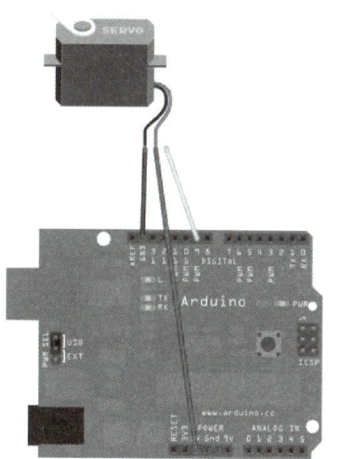

用 Arduino 控制舵机的方法有两种，第一种是通过 Arduino 的普通数字传感器接口产生占空比不同的方波，模拟产生 PWM 信号进行舵机定位；第二种是直接利用 Arduino 自带的 Servo 函数进行舵机的控制，这种控制方法的优点在于程序编写简单。

图 5-5 舵机连线

1) 方法一：将舵机接在数字引脚 9 上，如图 5-5 所示。

编写一个程序让舵机转动到用户输入数字所对应的角度数的位置，并将角度打印显示到屏幕上。

参考程序：
int servopin = 9;//定义数字引脚 9 连接伺服舵机信号线
int myangle;//定义角度变量
int pulsewidth;//定义脉宽变量
int val;
void servopulse(int servopin,int myangle)//定义一个脉冲函数
{
　　pulsewidth = (myangle * 11) +500;//将角度转化为 500~2480 的脉宽值
　　digitalWrite(servopin,HIGH);//将舵机接口电平提高
　　delayMicroseconds(pulsewidth);//延时脉宽值的微秒数

141

```
        digitalWrite(servopin,LOW);//将舵机接口电平降低
        delay(20-pulsewidth/1000);
    }
    void setup()
    {
        pinMode(servopin,OUTPUT);//设定舵机接口为输出接口
        Serial.begin(9600);//连接到串行端口,比特率为9600bit/s
        Serial.println("servo=o_seral_simple ready");
    }
    void loop()//将0~9的数转化为0°~180°,并让LED闪烁相应的次数
    {
        val=Serial.read();//读取串行端口的值
        if(val>'0'&&val<='9')
        {
            val=val-'0';//将特征量转化为数值变量
            val=val*(180/9);//将数字转化为角度
            Serial.print("moving servo to ");
            Serial.print(val,DEC);
            Serial.println();
            for(int i=0;i<=50;i++)//给予舵机足够的时间让它转到指定角度
            {
                servopulse(servopin,val);//引用脉冲函数
            }
        }
    }
```

2) 方法二：可以使用 Arduino 自带的 Servo 函数及其语句，先介绍一下舵机函数的几个常用语句：

① attach()。该语句用于设定舵机的接口，只有数字引脚 9 或 10 可利用。

② write()。它是用于设定舵机旋转角度的语句，可设定的角度范围是 0°~180°。

③ read()。它是用于读取舵机角度的语句，可理解为读取最后一条 write()命令中的值。

④ attached()。该语句用于判断舵机参数是否已发送到舵机所在接口。

⑤ detach()。该语句用于使舵机与其接口分离，该接口（数字引脚 9 或 10）可继续被用作 PWM 接口。

注意：以上语句的书写格式均为"舵机变量名.具体语句()"，如 myservo.attach(9)，为将舵机接在数字引脚 9 上即可。

项目五 汽车电机系统控制

参考程序：
#include<Servo.h>//定义头文件，这里注意可以直接在 Arduino 软件菜单栏单击 Sketch>Importlibrary>Servo，调用 Servo 函数，也可以直接输入#include<Servo.h>，但是在输入时要注意在#include 与<Servo.h>之间要有空格，否则编译时会报错
Servo myservo;//定义舵机变量名
void setup( )
{
　　myservo.attach(9);//定义舵机接口(9、10 都可以，但只能控制 2 个)
}
void loop( )
{
　　myservo.write(90);//设置舵机旋转的角度
}

任务工单页

任务准备：

舵机实验器件见表 5-1，舵机硬件连线如图 5-6 所示。

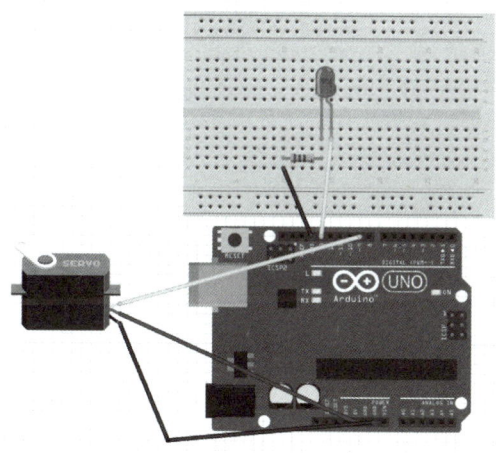

图 5-6　舵机硬件连线

任务实施 1：模拟汽车刮水器的控制

完成汽车刮水器系统的控制，要求使用 Arduino UNO 单片机连接 1 个舵机，使用舵机库编程，使用 I/O 数字引脚 9 控制舵机，要求每隔 1s 摆动一次，摆动范围为 0°~90°。

模拟汽车刮水器的控制

143

参考程序：
```
#include<Servo.h>
Servo A；
void setup( )
{
   A.attach(9)；
}
void loop( )
{
   a.write(0)；
   delay(1000)；
   a.write(90)；
   delay(1000)；
}
```

任务实施 2：模拟停车场抬杆器的控制

完成停车场抬杆系统的控制，要求使用 Arduino UNO 单片机连接由 1 个 LED 小灯和 1 个舵机组成的停车场抬杆系统，使用舵机库编程，使用 I/O 数字引脚 9 控制舵机，使用 I/O 数字引脚 13 控制指示灯，要求通过串口给单片机发送指令 1，使舵机转到 0°时落杆且 LED 灯常亮，给单片机发送指令 2，使舵机转到 90°时抬杆且 LED 灯熄灭。

参考程序：
```
#include<Servo.h>
Servo A；
int a；
void setup( )
{
   Serial.begin(9600)；
   pinMode(13,OUTPUT)；
   A.attach(9)；
}
void loop( )
{
   int val=Serial.read( )；
   if( val= ='1')
   {
      A.write(0)；
      digitalWrite(13,HIGH)；
```

```
        }
        if( val = ='2')
        {
            A.write(90);
            digitalWrite(13,LOW);
        }
    }
```

📖 课后作业

1. 控制 2 个舵机，要求独立绘制连线图并完成硬件连接，初始时 1 个舵机在 5°位置，1 个舵机在 85°位置，实现每隔 1s，2 个舵机交换角度。

2. 控制 2 个舵机，要求独立绘制连线图并完成硬件连接，实现通过串口发送指令 1 至单片机控制 1 号舵机转到 45°位置，发送指令 2 至单片机使 1 号舵机转到 75°位置，使 2 号舵机转到 15°位置，发送指令 3 至单片机使 2 号舵机转到 55°位置。

模拟停车场抬杆器的控制

📖 评价与反馈

通过本任务的学习，应能实现舵机的控制。请根据实际完成情况，完成任务评价。

评价项目	评价标准	自评（30%）	互评（30%）	教师评价（40%）
基本认知	能够掌握舵机的基本原理(10 分)			
任务实施	能够掌握舵机的硬件连线方法(20 分)			
	能够安全规范地完成任务(10 分)			
	完成任务后能整理好工位(10 分)			
控制编程	编程思路、逻辑清晰(10 分)			
	能够完成单片机编程指令编写,程序规范、完整,能够成功运行(15 分)			
	算法优秀,或者能够通过查阅资料自学并改进自己的算法(10 分)			
作业情况	能够独立完成作业中软硬件的要求(15 分)			
综合评价	合计			
	总评分			
教师评语	签字： 日期：			

学习任务 19　N20 电动机的控制

任务描述

当前汽车上直流电动机的应用越来越多，这些直流电动机是如何控制的呢？下面请同学们通过学习 N20 电动机的基本原理、硬件连接、控制应用等知识，练习编写单片机编程指令来实现 N20 电动机的控制吧！

学习目标

素养目标：
1. 培养学生查阅资料的自学能力。
2. 培养学生的动手能力。
3. 培养学生逻辑思维和分析问题的能力。
4. 培养学生精益求精的工匠精神。

知识目标：
1. 了解直流电动机的基本原理。
2. 掌握 N20 电动机的硬件连接。
3. 掌握直流电动机的控制及应用。

技能目标：
1. 能够正确地调试 N20 电动机。
2. 能够完成单片机编程指令编写。

学习准备

工作场所：理实一体化专业教室。

在教师的引导下分组，以小组为单位学习相关知识，并回答下列问题。
1. 直流电动机的工作原理是什么？
2. 直流电动机应该如何连线？
3. 直流电动机的应用有哪些？

信息收集页

1. 直流电动机的工作原理

直流电动机是将直流电能转换为机械能的转动装置。直流电动机定子提供磁场，直流电源向转子的绕组提供电流，换向器使转子电流与磁场产生的转矩保持方向不变。根据是否配置有常用的电刷、换向器，可以将直流电动机分为有刷直流电动机和无刷直流电动机。直流电动机外观如图 5-7 所示。

图 5-7　直流电动机外观

2. 直流电动机在交通运输领域的应用

直流电动机在交通运输领域中应用广泛。如电动汽车、传统汽车、电动火车等交通工具中都需要使用直流电动机。直流电动机具有高功率密度、可靠性高和控制方便的优势。此外，电动汽车的普及也带动了直流电动机的需求增长。

总之，直流电动机是一种非常常见的电动机，它具有高效率、可调速等特点，因此能够满足不同领域对电动机的需求。

> **编程实例：N20 电动机的控制**
>
> L298P 扩展板直流电动机驱动器采用大功率电动机专用驱动芯片 L298P，可直接驱动 2 个直流电动机，驱动电流达 2A，电动机输出端采用 8 只高速肖特基二极管作为保护。该电路布线合理、均采用贴片元件，叠层设计可直接插接到 Arduino 上。L298P 扩展板直流电动机驱动器具有 PWM 调速模式和 PLL 锁相环模式，使用跨接线切换。该电动机供电可使用 Arduino VIN 输入或驱动器上的接线柱输入，使用跨接线切换，其引脚和实物如图 5-8 所示。
>
>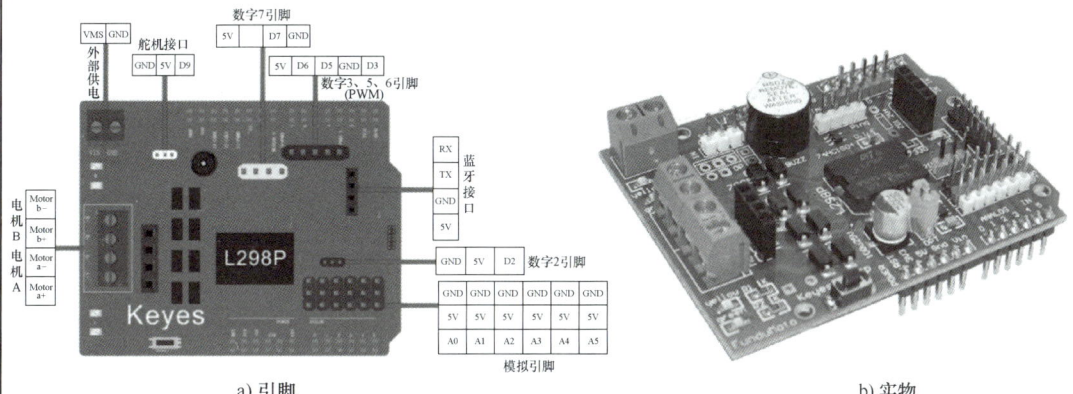
>
> a) 引脚　　　　　　　　　　　　　　b) 实物
>
> 图 5-8　L298P 扩展板直流电动机驱动器
>
> L298P 扩展板直流电动机驱动器技术参数：
>
> 1）逻辑部分输入电压：5V。
>
> 2）驱动部分输入电压：VIN 输入 6.5~12V，PWRIN 输入 4.8~35V。
>
> 3）逻辑部分工作电流：<36mA。
>
> 4）驱动部分工作电流：<2A。
>
> 5）最大耗散功率：25W（$T=75℃$）。
>
> 6）控制信号输入电平：高电平 2.3~5V，低电平 -0.3~1.5V。
>
> 7）工作温度：-25~130℃。
>
> 8）硬件接口：5.0mm 间距接线柱。
>
> 9）驱动形式：双路大功率 H 桥驱动。
>
> 10）引脚占用：D10~D13 直接驱动电动机。
>
> 11）尺寸：68mm×53mm。
>
> 以 N20 电动机为例，实验控制两个 N20 电动机的速度和正反转，N20 电动机实验器件见表 5-2。

表 5-2　N20 电动机实验器件

器件	数量
Arduino UNO 单片机	1
USB 下载线	1
N20 电动机	2
L298P 驱动板	1
9V 电源	1
面包线	6

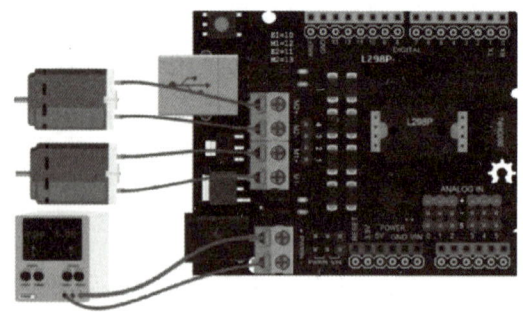

图 5-9　N20 电动机硬件连线

N20 电动机硬件连线如图 5-9 所示。

根据图 5-9 的连线方法，可以控制 M1 和 M2 两个直流电动机的正转、反转、停止以及 PWM 调速。

参考程序：
```
int E1 = 10；
int M1 = 12；
int E2 = 11；
int M2 = 13；
void setup( )
{
  pinMode( M1,OUTPUT)；
  pinMode( M2,OUTPUT)；
}
void loop( )
{
  for( int value = 0 ；value <= 255；value += 5)
  {
    digitalWrite( M1,HIGH)；
    digitalWrite( M2,HIGH)；
    analogWrite( E1,value)；  //PWM 调速
    analogWrite( E2,value)；  //PWM 调速
    delay( 30)；
  }
  delay( 1000)；
  for( int value = 0 ；value <= 255；value += 5)
  {
    digitalWrite( M1,LOW)；
    digitalWrite( M2,LOW)；
    analogWrite( E1,value)；  //PWM 调速
```

```
        analogWrite(E2,value);    //PWM 调速
        delay(30);
    }
    delay(1000);
}
```

任务工单页

任务准备：

N20 电动机实验器件见表 5-2，硬件连线如图 5-9 所示。

任务实施：N20 电动机的控制

完成 2 个 N20 电动机的控制，要求使用 Arduino UNO 单片机控制 2 个电动机同时正转，转速从 0 逐渐加到最快（渐变间隔 30ms），并保持最快速度 1s 后，两个电动机同时反转，转速从 0 逐渐加到最快（渐变间隔 30ms），并保持最快速度 1s，如此反复。

```
参考程序：
int E1 = 10;
int M1 = 12;
int E2 = 11;
int M2 = 13;
void setup(){
    pinMode(M1,OUTPUT);
    pinMode(M2,OUTPUT);
}
void loop(){
    for(int value = 0 ;value<=255;value+=5)
    {
        digitalWrite(M1,HIGH);
        digitalWrite(M2,HIGH);
        analogWrite(E1,value);    //PWM 调速
        analogWrite(E2,value);    //PWM 调速
        delay(30);
    }
    delay(1000);
    for(int value = 0 ;value<=255;value+=5)
    {
        digitalWrite(M1,LOW);
        digitalWrite(M2,LOW);
```

```
            analogWrite(E1,value);    //PWM 调速
            analogWrite(E2,value);    //PWM 调速
            delay(30);
        }
        delay(1000);
    }
```

课后作业

控制 2 个 N20 电动机,要求独立绘制连线图并完成硬件连接,实现 1 个电动机正转,另一个电动机反转,持续 5s 后 2 个电动机停转,再过 5s 后之前正转电动机反转,反转电动机正转,持续 5s 后再同时停转 5s,如此循环。

N20电动机的控制

评价与反馈

通过本任务的学习,应能实现对 N20 电动机的控制。请根据实际完成情况,完成任务评价。

评价项目	评价标准	自评(30%)	互评(30%)	教师评价(40%)
基本认知	能够掌握直流电动机的基本原理(10 分)			
任务实施	能够掌握 N20 电动机的硬件连线方法(20 分)			
	能够安全规范地完成任务(10 分)			
	完成任务后能整理好工位(10 分)			
控制编程	编程思路、逻辑清晰(10 分)			
	能够完成单片机编程指令编写,程序规范、完整,能够成功运行(15 分)			
	算法优秀,或者能够通过查阅资料自学并改进自己的算法(10 分)			
作业情况	能够独立完成作业中软硬件的要求(15 分)			
综合评价	合计			
	总评分			
教师评语				

签字: 日期:

学习任务 20　步进电动机的控制

任务描述

步进电动机在当前汽车上应用很多,这些步进电动机是如何工作的呢?下面请同学们通

过学习步进电动机的基本原理、硬件连接、控制应用等知识，练习编写单片机编程指令来实现对汽车步进电动机的控制吧！

学习目标

素养目标：
1. 培养学生查阅资料的自学能力。
2. 培养学生的动手能力。
3. 培养学生逻辑思维和分析问题的能力。
4. 培养学生环保意识。

知识目标：
1. 了解步进电动机的基本原理。
2. 掌握步进电动机的硬件连接。
3. 掌握步进电动机的控制及应用。

技能目标：
1. 能够识别步进电动机的各个引脚。
2. 能够完成单片机编程指令编写。

学习准备

工作场所：理实一体化专业教室。
在教师的引导下分组，以小组为单位学习相关知识，并回答下列问题：
1. 步进电动机的工作原理是什么？
2. 步进电动机是如何控制的？
3. 步进电动机的应用有哪些？

信息收集页

1. 步进电动机的基本原理

步进电动机是一种将电脉冲信号转化为角位移运动的执行机构。当步进驱动器接收到一个脉冲信号，它就驱动步进电动机按设定的方向转动一个固定的角度（步进角）。可以通过控制脉冲个数来控制角位移量，从而达到准确定位的目的；同时也可以通过控制脉冲频率来控制电动机转动的速度和加速度，从而达到调速的目的。

步进电动机的转速取决于脉冲频率、转子齿数和拍数。其角速度与脉冲频率成正比，而且在时间上与脉冲同步。因而在转子齿数和运行拍数一定的情况下，只要控制脉冲频率即可获得所需速度。由于步进电动机是借助它的同步力矩而起动的，为了不发生失步，其起动频率不高。随着功率的增加，转子直径增大，惯量增大，其起动频率和最高运行频率可能相差十倍之多。

步进电动机的输出力矩随着脉冲频率的上升而下降，起动频率越高，起动力矩就越小，带动负载的能力越差，起动时会造成失步，而在停止时又会发生过冲。要使步进电动机快速地达到所要求的速度又不失步或过冲，关键是在加速过程中，使加速度所要求的力矩既能充分利用各个运行频率下步进电动机所提供的力矩，又不能超过这个力矩。因此，步进电动机的运行一般要经过加速、匀速、减速3个阶段，要求加减速过程时间尽量短，恒速时间尽量长，特别是在要求快速响应的工作中，从起点到终点运行的时间要求最短，这就必须要求加速、减速的过程最短，而恒速时的速度最高。

步进电动机的结构形式和分类方法较多，一般按励磁方式分为磁阻式、永磁式和混磁式3种；按相数可分为单相、两相、三相和多相等形式。

以三相磁阻式步进电动机为例，它的定子、转子铁心都由硅钢片叠成。其定子上有6个磁极，每2个相对的磁极绕有同一相绕组，三相绕组接成星形作为控制绕组；转子铁心上没有绕组，只有4个齿，齿宽等于定子极靴宽，三相磁阻步进电动机的结构如图5-10所示。

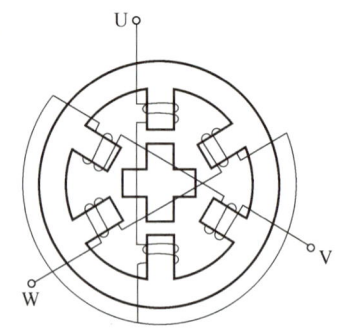

图5-10 三相磁阻步进电动机的结构

2. 步进电动机的应用

步进电动机作为一种高精度、灵敏度较高的电动机，被广泛应用于电动车窗控制系统中。步进电动机可以通过旋转轴控制车窗玻璃上升或下降。这种控制方式能够更好地控制窗户的开合速度和角度。

步进电动机还可以应用于汽车的空调控制系统中，它可以通过控制旋转气流调节门来改变空气的流向和温度。这种控制方式可以为汽车提供更加精准的温度和风速控制，并可以更好地适应不同的天气和行驶环境。

在汽车的喷油系统中，步进电动机可以通过控制汽车的进气量和喷油量提高发动机的性能和燃油经济性。

在汽车其他控制系统中（如音响控制、仪表板控制等），步进电动机的应用可以为汽车提供更高的控制精度，从而提高汽车的驾驶体验和安全性。

总的来说，步进电动机在汽车上的应用非常广泛，随着汽车技术的不断发展，步进电动机将有更加广泛的应用前景。

编程实例：步进电动机的控制

本次实验使用的步进电动机，如图5-11所示。该步进电动机空载耗电在50mA以下，带64倍减速器，输出力矩比较大，可以驱动重负载，极适合开发板使用。注意此款步进电动机因为带有64倍减速器，所以与不带减速器的步进电动机相比，转速显得较慢，为方便观察，可在输出轴处粘上一片小纸板。使用步进电动机前一定要仔细查看说明书，确认是四相还是两相，各个线怎样连接，本次实验使用的步进电动机是四相的，步进电动机线序如图5-12所示，使用的驱动板外形尺寸为31mm×35mm，如图5-13所示。

驱动方式:(4-1-2相驱动)

导线颜色	1	2	3	4	5	6	7	8
5红	+	+	+	+	+	+	+	+
4橙	−							−
3黄			−					
2粉					−			
1蓝							−	

⟶ 顺时针方向旋转(从轴伸端看)

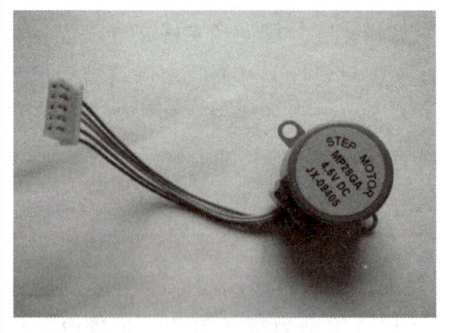

图5-11 5V步进电动机　　　　图5-12 步进电动机线序

项目五　汽车电机系统控制

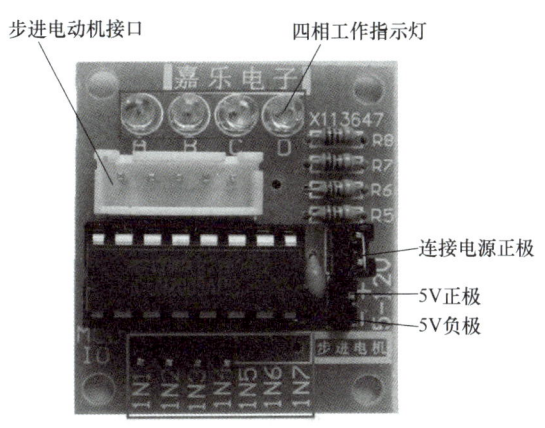

图 5-13　步进电动机（五线四相）驱动板（ULN2003 芯片）

步进电动机实验器件见表 5-3。

表 5-3　步进电动机实验器件

器件	数量	器件	数量
Arduino UNO 单片机	1	步进电动机驱动板	1
USB 下载线	1	面包板	1
步进电动机	1	面包线	6

步进电动机硬件连线如图 5-14 所示。

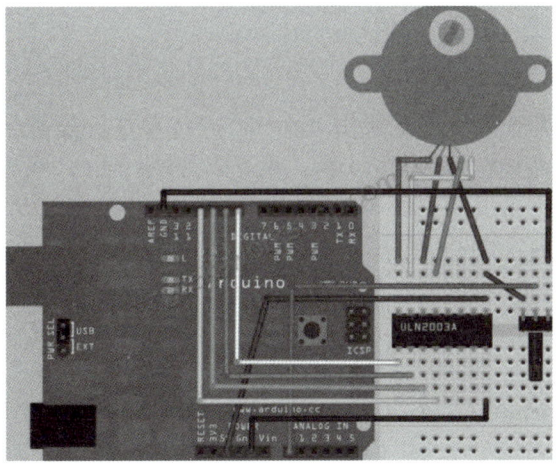

图 5-14　步进电动机硬件连线

本实验使用旋钮控制步进电动机的旋转，设置步进电动机旋转 100 步转 1 圈，速度为 90 步/min。

153

参考程序：
//步进电动机跟随电位器旋转
//或者其他传感器使用0号模拟口输入
//使用Arduino IDE自带的Stepper.h库文件
#include<Stepper.h> // 这里设置步进电动机旋转一圈需要多少步
#define STEPS 100   // attached to 设置步进电动机的步数和引脚
Stepper stepper(STEPS,8,9,10,11);// 定义变量用来存储历史读数
int previous = 0;
void setup( )
{
  stepper.setSpeed(90);// 设置步进电动机每分钟的转速为90步
}
void loop( )
{
  int val = analogRead(0);// 获取传感器读数
  stepper.step(val-previous);// 移动步数为当前读数减去历史读数
  previous = val;// 保存历史读数
}

任务工单页

任务准备：

步进电动机实验器件见表5-3，硬件连线如图5-14所示。

任务实施：步进电动机的控制

完成对步进电动机的控制，要求使用Arduino UNO单片机控制步进电动机，且设置步进电动机旋转100步转1圈，速度为90步/min，使用串口发送指令，发送指令1步进电动机转10步，发送指令2步进电动机转50步，发送指令3步进电动机转100步。

步进电动机的控制

参考程序：
#include<Stepper.h>
#define STEPS 100
Stepper stepper(STEPS,8,9,10,11);
int previous = 0;
void setup( ){
  stepper.setSpeed(90);
  Serial.begin(9600);
}
void loop( ){

```
    int val=Serial.read();
    if(val=='1')
    stepper.step(10);
    if(val=='2')
    stepper.step(50);
    if(val=='1')
    stepper.step(100);
}
```

课后作业

控制1个步进电动机,要求独立绘制连线图并完成硬件连接,实现用1个触点开关控制,当按下开关时步进电动机开始旋转,不按不旋转。

评价与反馈

通过本任务的学习,应能实现对汽车步进电动机的控制。请根据实际完成情况,完成任务评价。

评价项目	评价标准	自评(30%)	互评(30%)	教师评价(40%)
基本认知	能够掌握步进电动机的基本原理(10分)			
任务实施	能够掌握步进电动机的硬件连线方法(20分)			
	能够安全规范地完成任务(10分)			
	完成任务后能整理好工位(10分)			
控制编程	编程思路、逻辑清晰(10分)			
	能够完成单片机编程指令编写,程序规范、完整,能够成功运行(15分)			
	算法优秀,或者能够通过查阅资料自学并改进自己的算法(10分)			
作业情况	能够独立完成作业中软硬件的要求(15分)			
综合评价	合计			
	总评分			
教师评语		签字: 日期:		

知识拓展

党的二十大报告中提出:"实现碳达峰碳中和是一场广泛而深刻的经济社会系统性变革。"实现碳达峰碳中和是以习近平同志为核心的党中央统筹国内国际两个大局做出的重大战略决策,是着力解决资源环境约束突出问题、实现中华民族永续发展的必然选择,也是构建人类命运共同体的庄严承诺。随着碳达峰碳中和进程稳妥有序推进，绿色电力需求量将持续增加，电力迈入高速发展新时代，加快建设能源电力强国迎来良好机遇。

为实现安全稳定可靠的绿色电力供应，需构建新能源高占比逐步提升的新型电力系统。新能源从过去的补充性电源逐步成为提供电力电量的主体电源，将持续跨越式发展。到 2030 年，我国新能源装机有望突破 20 亿 kW，达到 2023 年规模的 2.5 倍。传统煤电作为我国电力供应安全的重要支撑，逐步向基础保障性和系统调节性并重转型，2025 年煤电装机将达到 14 亿 kW，2030 年达到 15.3 亿 kW。作为电力系统的"稳定器"与"调节器"，储能也将迎来大规模发展，到 2030 年新型储能规模将达到 1.9 亿 kW，达到 2023 年的 22 倍；抽水蓄能规模达到 2.4 亿 kW，达到 2023 年的 5 倍。氢能作为零碳原材料、零碳高密度燃料、零碳超长时储能、零碳高品位二次能源，是用能终端实现绿色低碳转型的重要载体，到 2025 年，可再生能源制氢量将达到 10 万~20 万 t/年，实现二氧化碳减排 100 万~200 万 t/年；到 2030 年，将形成较为完备的氢能产业技术创新体系、清洁能源制氢及供应体系。

参 考 文 献

［1］ 白光泽．汽车电子技术基础［M］．北京：机械工业出版社，2023．
［2］ 麻友良．汽车电器与电子控制系统［M］．北京：机械工业出版社，2023．
［3］ 刘鸿建．汽车单片机与车载网络技术［M］．北京：化学工业出版社，2016．
［4］ 申荣卫．汽车电子技术［M］．北京：机械工业出版社，2017．
［5］ 李晓艳．汽车单片机应用技术［M］．北京：机械工业出版社，2021．
［6］ 杨新桦．汽车电子控制系统设计［M］．北京：清华大学出版社，2022．
［7］ 于万海．汽车电气设备原理与检修［M］．5版．北京：电子工业出版社，2019．
［8］ 张建才．汽车电子控制技术［M］．北京：机械工业出版社，2023．
［9］ 张蕾．汽车电子控制技术［M］．北京：清华大学出版社，2022．
［10］ 彭勇．汽车单片机技术［M］．北京：机械工业出版社，2023．
［11］ 郭颖．汽车电路与电子技术基础［M］．北京：清华大学出版社，2018．